功能性训练原理与经典动作解剖图谱

[英] 凯文·卡尔（Kevin Carr） 玛丽·凯特·费特（Mary Kate Feit） 著

闫琪 译

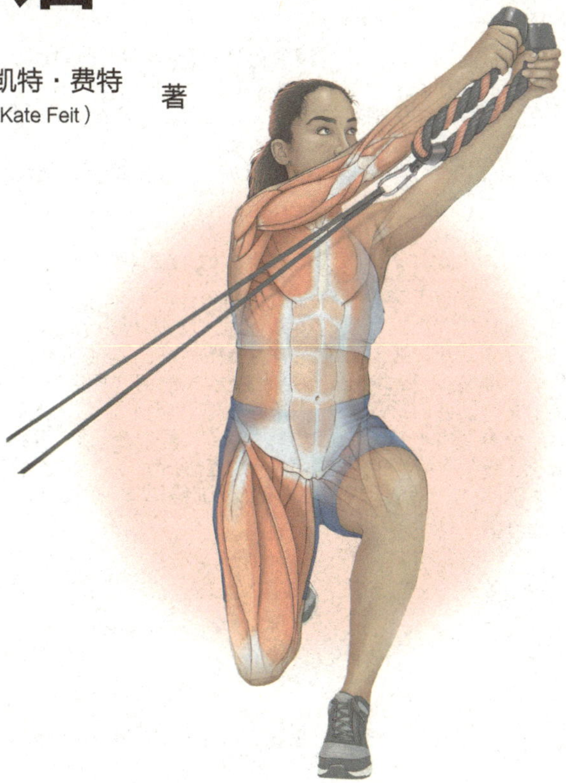

人 民 邮 电 出 版 社

北 京

图书在版编目（CIP）数据

功能性训练原理与经典动作解剖图谱 / (英) 凯文·卡尔 (Kevin Carr) , (英) 玛丽·凯特·费特 (Mary Kate Feit) 著 ; 闫琪译. -- 北京 : 人民邮电出版社, 2022.3
ISBN 978-7-115-57868-6

Ⅰ. ①功… Ⅱ. ①凯… ②玛… ③闫… Ⅲ. ①运动训练一图集②运动解剖一图集 Ⅳ. ①G808.1-64 ②G804.4-64

中国版本图书馆CIP数据核字(2022)第013922号

内 容 提 要

功能性训练是基于身体的解剖结构和功能，有目的地选择正确的练习，以提高健康水平和优化运动表现。功能性训练对于运动员和普通大众都是必需的。

本书共分为 9 章，第 1 章讲解了功能性训练的基础理论，第 2 章至第 8 章针对灵活性训练、运动控制和动作准备练习、增强式训练和实心球练习、负重爆发力训练、上肢力量训练及下肢力量训练等提供了丰富的练习动作和方法，并在第 9 章提供了功能性训练计划示例。

本书的内容非常丰富，训练动作包含高清解剖图，图文配合阐释每个训练动作所涉及的肌肉和组织，以及这些肌肉组织的功能，便于读者理解。本书适合运动员、教练员、健身爱好者和普通大众阅读、学习，可以帮助读者在理解功能性训练原理、学习功能性训练方法的基础上进行科学训练，从而有效提升训练水平。

◆ 著　　[英] 凯文·卡尔（Kevin Carr）
　　　　[英] 玛丽·凯特·费特（Mary Kate Feit）
译　　闫 琪
责任编辑　刘日红
责任印制　马振武

◆ 人民邮电出版社出版发行　　北京市丰台区成寿寺路 11 号
邮编　100164　　电子邮件　315@ptpress.com.cn
网址　https://www.ptpress.com.cn
北京天宇星印刷厂印刷

◆ 开本：700×1000　1/16
印张：12.25　　2022 年 3 月第 1 版
字数：215 千字　　2025 年 11 月北京第 15 次印刷

著作权合同登记号　图字：01-2021-2779 号

定价：88.00 元

读者服务热线：(010)81055296　印装质量热线：(010)81055316
反盗版热线：(010)81055315

目　录

资源与支持

配套服务

扫描右侧二维码添加企业微信：

1. 即刻领取本书延伸资源。
2. 加入体育爱好者交流群。
3. 不定期获取更多图书、课程、讲座等知识服务产品信息，以及参与直播互动、在线答疑和与专业导师直接对话的机会。

前　言

自从我（Kevin）在迈克·博伊尔力量与体能训练中心（Mike Boyle Strength and Conditioning，MBSC）开始我的教练职业生涯以来，我就以加深人们对“功能性训练”的理解为己任。简单地说，功能性训练就是针对性训练。功能性训练旨在满足人体的日常需求，无论是在日常活动中，还是在高对抗性的竞技运动环境中均是如此。

要了解功能性训练，首先必须了解功能解剖学。牢固地掌握人体肌肉组织是如何工作的，对于建立一个完整的功能性训练计划至关重要。解剖课上呈现的肌肉组织运作方式并不能准确地反映人们站着进行动态运动时身体的运作方式。学习解剖学的环境很重要，因为它将直接反映理论在实际中的应用。

许多传统的力量训练方法都基于解剖学，过于关注受起止点解剖学影响的单关节、以固定器械为中心的训练。健身和力量举对训练的影响使许多运动员误入歧途：他们仅仅是为了增加肌肉体积和增强肌肉力量而训练，并没有考虑如何在运动中合理地应用它们。相反，功能性训练基于人体在运动状态中的解剖学，其重点是使用多平面训练和单侧训练，目的是改善人体的功能并将其应用到运动中。

本书的写作目的是为进行快速高效的训练提供功能解剖学上的指导。我们希望运动员、教练和健身爱好者能够通过阅读本书，更好地了解如何为自己和他人制定功能性训练计划。本书内容非常丰富，详细地说明了插图所示的人体肌肉组织的功能。与训练动作相关的肌肉组织插图都用彩色印刷，以突出显示每个训练动作涉及的主要肌群、辅助肌群和结缔组织。

主要肌群　　辅助肌群

第2章至第8章的练习会展示3个图标，它们分别代表3个运动平面：矢状面、额状面或水平面。如果在相应的平面上进行锻炼，则该练习将如下图所示，突出显示一个或多个图标。

本书涵盖了设计一个完整的功能性训练计划需要考虑的所有方面。第1章首先介绍了运动中的功能性训练。在第2章中，我们讨论了灵活性训练的重要性及其对运动质量、运动表现和减少运动损伤的影响。在第3章中，我们介绍了运动控制和动作准备练习，以提高运动效率，进行热身，为高强度运动做准备。在第4章中，我们讨论了如何制定并执行增强式训练和实心球练习计划，以训练运动员产生和缓冲力量的能力。在第5章中，我们介绍了用奥林匹克举重和壶铃摆动等练习来进行负重爆发力训练的方法。在本书第6章至第8章的力量训练部分，我们会讨论构成完整训练计划的所有练习动作，包括髋主导、膝主导、推、拉和核心的练习。在最后一章，我们展示了如何将所有这些练习组合在一起，制定一个完整的功能性训练计划，以减少运动损伤并优化运动表现。

致　谢

感谢我的父母，是你们让我终身热爱体育活动和锻炼。我爱你们。

感谢迈克·博伊尔（Mike Boyle）、鲍勃·汉森（Bob Hanson），以及所有在MBSC中心与我一起工作过的工作人员。如果没有你们的指导和支持，我就不会有今天的成就。

凯文·卡尔（Kevin Carr）

我想感谢凯文邀请我参与该项目。我很高兴在十多年后，我仍然是MBSC训练中心的一员。

我还要感谢我的家人——亚当（Adam）、科迪（Cody）和梅西（Macy），你们是我的坚实后盾。没有你们，我做不到这一切！

玛丽·凯特·费特（Mary Kate Feit）

第 1 章

运动中的功能性训练

为了在运动中取得优异的成绩，我们需要一份精心设计的训练计划，其中要考虑到人体的最佳功能。功能性训练的理念是基于身体的解剖结构和功能，有目的地选择正确的练习，以提高健康水平和优化运动表现为目标。

无论你是一名精英运动员还是普通大众中的一员，你的训练计划和训练方法都应该反映人体的功能以及在生活中和运动场上的人体需求。功能性训练计划能够确保你有足够的关节灵活性、动作质量、力量、爆发力和心肺适能，以满足生活和运动的需求。

对于运动人群而言，功能性训练能够保护运动员并优化其运动表现，因为许多可以改善运动员运动表现的机制也会减少他们受伤的可能性。提高关节灵活性有助于运动员避免劳损和碰撞带来的损伤，也有助于他们在其运动项目中达到必要的动作幅度。从奔跑、跳跃和投掷等多方面反映出的能力将增强运动员在场上的爆发力，也能训练他们有效地缓冲力量以避免减速和制动带来的伤害的能力。增强全身多方向力量还可以使运动员安全地缓解冲击力，还有助于其在跑步、跳跃、挥摆和投掷等体育运动中产生爆发力。

对于一般人群来说，功能性训练能够优化人们在日常生活和工作中的身体功能。功能性训练应作为改善心血管、代谢和神经系统健康状况的一种手段。功能性训练可以增强人们执行日常任务的能力，并改善他们安全地参与休闲娱乐活动的能力。

根据定义，功能性训练是一种训练干预措施，可以帮助受训者在日常生活或体育竞赛中更好地发挥自身功能。我们不应将功能性训练视为一种特殊的训练，而应将其视为一种明智的、有针对性的训练，它旨在恢复动作质量、改善运动表现并减少受训者受伤的可能性。

功能性训练是一种综合性训练

完整的功能性训练计划不应该仅专注于一个方面的训练，同时还应该努力提高动作质量、增强力量和爆发力以及心肺适能。如果人们希望在运动或日常生活中获得成功，那么大多数运动环境的不同需求和人体互相关联的本质所需要的远不止一种能力。

强壮但缺乏灵活性的运动员有肌肉拉伤和关节损伤的风险；灵活性很好但缺乏力量的运动员很难在比赛中获得胜利，因为他们不能产生足够的力量；强壮但缺乏有氧耐力的运动员无法长期保持动力输出，并且会过早地感到疲劳。

综合、全面的功能性训练计划应包括以下部分。

- 灵活性训练，优化软组织的延展性和关节健康状况。
- 运动控制和动作准备练习，提高动作质量和效率。
- 单侧、双侧和多方向爆发力练习，发展减速技能和爆发力。
- 全身力量练习，训练膝关节主导、髋主导，推、拉和核心力量动作模式，并在多个运动平面上挑战身体的力量和稳定性。
- 开发能满足运动的新陈代谢需求的能量系统。

本书提供了一个框架，以帮助你根据人体的解剖结构和功能选择更合适的方法来进行这些训练。这将帮助你更好地了解所选择的练习方法，以及指导你进行你选择的特定运动的基本原则，从而优化人体运动表现并降低在运动中受伤的可能性。

人体运动平面

精心设计的功能性训练计划应在所有3个运动平面上提升人体的关节灵活性、运动控制能力、力量和爆发力，以达到运动环境对不同运动的要求。

用3个运动平面来对人体运动进行分类：矢状面、额状面和水平面（见图1.1）。矢状面将人体横向分为左、右两半，在矢状面进行的运动是指人体关节主要向前和向后运动，而在其他运动平面很少或没有有意地运动。额状面将身体分为前、后两半，在额状面进行的运动是指左、右移动的大多数关节运动。水平面将人体分为上、下两个部分，在水平面进行的运动是指旋转类的运动。

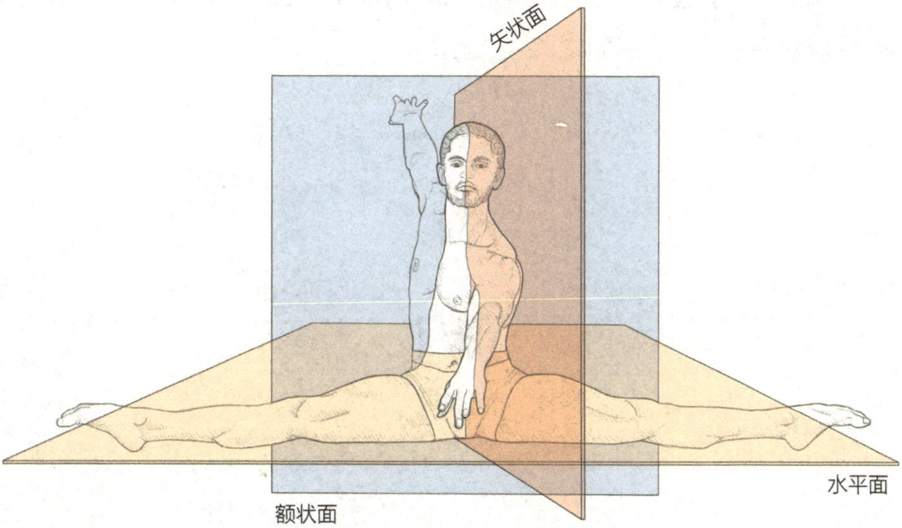

图1.1　3个运动平面

本书涵盖了在所有3个平面上提升灵活性、运动控制能力、力量和爆发力的练习，以确保运动员的均衡发展。

在讨论运动过程中的平面运动时，重要的是分辨整体平面运动和与发展局部稳定肌有关的局部平面的力之间的关系。整体平面运动描述了运动过程中可以观察到的位置，通常来说，整体平面运动由运动的主动肌或原动肌控制；而局部平面的力反映了必须做出孤立的稳定动作才能成功完成练习的位置，局部平面的力通常由协同肌或稳定肌控制。

在下蹲、深蹲和硬拉之类的双侧运动中，大部分运动发生在矢状面，而额状面和水平面的稳定性挑战较小。双侧深蹲的平衡不需要臀部和骨盆的额状面与水平面稳定肌来帮助保持最佳位置。

在单侧运动中，虽然受训者仅靠一只胳膊或一条腿来完成动作，且大部分的关节运动发生在矢状面，但是身体在额状面和水平面也必须保持稳定。

以单腿硬拉（见图1.2）为例。尽管髋关节和膝关节主要在矢状面运动，但单侧运动的不对称性迫使脊柱、骨盆、股骨、胫骨和脚的稳定肌必须动态地控制适当的关节位置、平衡和姿势。

在选择功能性训练计划中的练习时，需要考虑所施加的局部平面的力，以确保稳定肌得到锻炼，这是动态姿势控制所需要的。锻炼多平面稳定性对于优化运动环境中的运动表现和减少在运动中受伤的可能性至关重要。

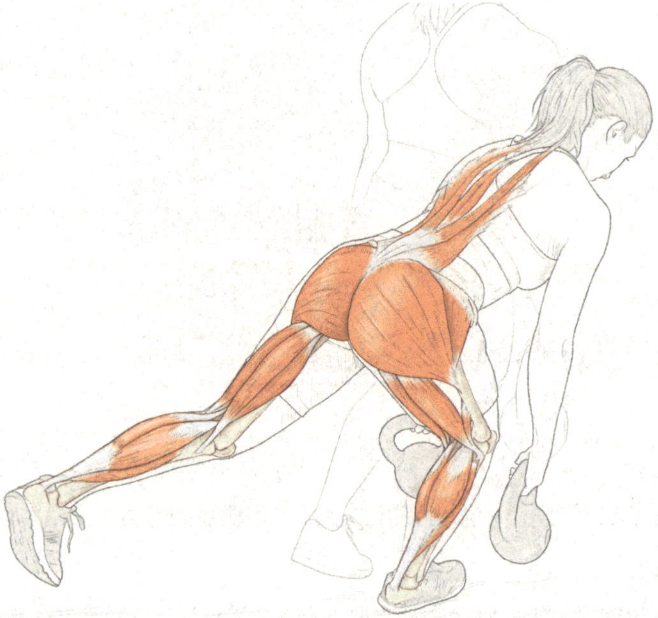

图1.2 在单腿硬拉中，臀中肌、内收肌和腹斜肌必须起到在额状面和水平面稳定骨盆和股骨的作用，而腘绳肌、臀大肌和竖脊肌则是在矢状面进行的运动的原动肌

功能性训练需要功能解剖学

人体已经进化发展出许多相互关联的系统，这使人们可以在日常生活中自由地进行运动。运动员奔跑、跳跃和投掷的能力可以归因于人体的骨骼、肌肉、肌腱和筋膜网络，它们可以作为一个整体进行弯曲、伸展和旋转，并协同产生力量（本书中训练动作部分“参与的肌肉”包括肌肉、肌腱和筋膜等）。

尽管人们习惯于孤立地训练单关节肌肉力量，但单独的肌肉功能和单关节运动并不能代表现实生活中的运动，因为人体内没有任何事情是孤立发生的。人体作为一个由许多相互关联的系统构成的整体，各个部分相互依赖，会不断调整功能以执行所需完成的任务。在设计功能性训练计划时，人们不仅要考虑人体的解剖结构，还要考虑这些解剖结构在特定运动环境中如何综合发挥作用。

思考一下跑步过程中腘绳肌的功能。传统的观点认为，股二头肌、半膜肌和半腱肌的功能主要是作为膝屈肌，如在孤立的运动环境下，在屈腿训练机上，它们会起屈膝的作用。

然而，真正思考腘绳肌的功能，即人体在步行、站立、跑步或走路时，腘绳肌的功能是完全不同的。腘绳肌是横跨臀部和膝关节的双关节肌群，在跑步的步态周期中，腘绳肌必须与腹斜肌和臀肌一起执行许多动作（见图 1.3）。

从功能上讲，腘绳肌有以下作用。

- 作为髋关节的向心伸展肌，在跑步的蹬离阶段协助臀肌发力。
- 作为骨盆的等长稳定肌，协助腹斜肌保持骨盆后倾。
- 作为跑步的向前摆动阶段结束时伸膝的离心减速肌。

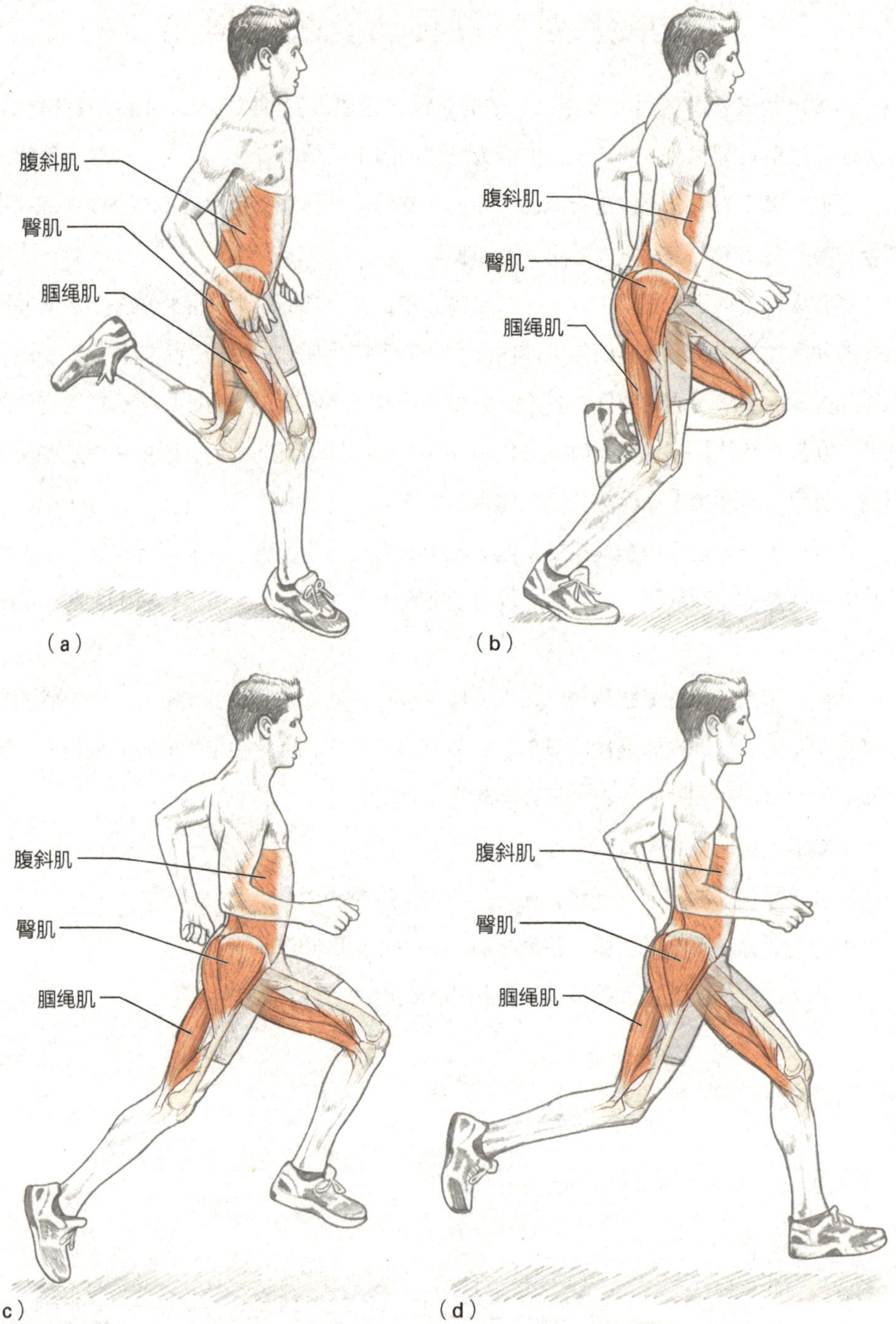

图1.3 跑步时的步态周期突出了腘绳肌、臀肌和腹斜肌的功能：（a）触地阶段；（b）支持阶段；（c）蹬离阶段；（d）向前摆动阶段

了解与运动有关的功能解剖学有助于选择可以改善运动表现并减少运动损伤的运动。在本例中，你可能希望将腘绳肌作为髋关节伸展肌、骨盆稳定肌和离心膝关节伸肌，而不是主要作为膝屈肌进行训练。一个很好的练习选择是第7章介绍的单腿硬拉或滑动屈膝，而不是选择传统的器械俯卧屈膝。

传统训练与功能性训练

传统的训练计划受到健美和力量举的强烈影响，通常强调双侧力量训练和固定器械力量训练。尽管许多双侧运动（如高脚杯深蹲和六角杠铃硬拉，见第7章）很有价值，应在功能性训练计划中使用，但你仍应优先考虑发展单侧力量，以使功能性训练更加符合身体在日常生活和体育活动中的运动方式。

固定器械训练通常专注于孤立的动作，这些动作不需要身体真正保持稳定，也不能准确地反映真实运动带来的压力。尽管这种方法对于增加肌肉体积可能很有价值，但在制定功能性训练计划时，你应避免使用这种方法。

传统的双侧训练，如深蹲、卧推和硬拉，是在矢状面发展基本力量和稳定性的重要方法。但是，在形成基础能力之后，你应采用一个更加全面的功能性训练计划，从经典的力量举和健身力量训练过渡到挑战额状面和水平面稳定性的单侧力量训练。

前侧和背侧斜向系统

人体已经进化到具有单侧运动的功能。从神经学角度来讲，人类天生就以对侧交互的方式行走、奔跑、跳跃和爬行。因此，肌肉、肌腱和筋膜的结构设计已经进化到足以支持人体的单侧功能的发挥。

人体已经形成了复杂的力量产生和稳定系统，它被称为前侧和背侧斜向系统（见图1.4），该系统由一系列连续的肌肉和筋膜组成，贯穿全身，允许人们以惊人的潜力和变化进行奔跑、跳跃和投掷。

前侧和背侧斜向系统的发现，揭示了在运动中力量如何通过身体的额状面和水平面进行传递以产生力量并维持稳定。

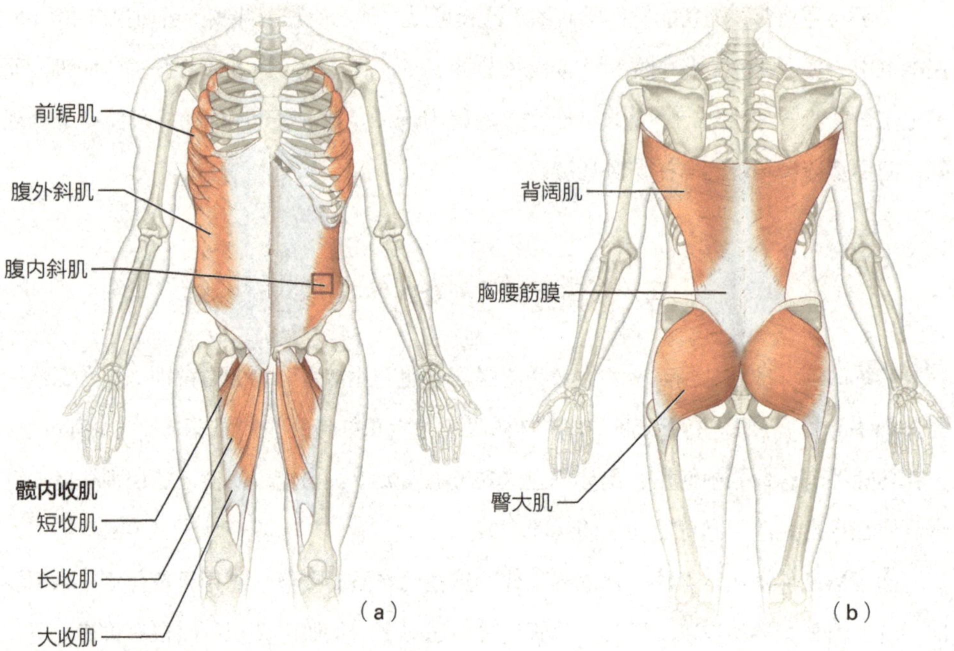

图1.4 （a）前侧和（b）背侧斜向系统

沿着身体的螺旋线（见图1.5）可以清楚地看到，身体一侧产生的力量是如何通过相互关联的肌肉、肌腱和骨骼链传递到身体另一侧的。

肌肉和筋膜构成了前侧和背侧斜向系统的螺旋系统，使人们能够执行有力、快速和协调的动作，如投球、挥动高尔夫球杆、滑翔、挥动网球拍或避免与其他竞争对手接触。即使是常见的日常行为，如把手伸入橱柜、跨过物体或从椅子上站起来，都依赖于相互关联的肌肉系统。

为了更有效地训练，建议优先考虑采用单侧方法针对人体的对侧结构设计进行训练。从图1.6中可以看到，在单腿下蹲过程中，身体在很大程度上依赖于前侧和背侧斜向系统中肌肉的共同激活作用。

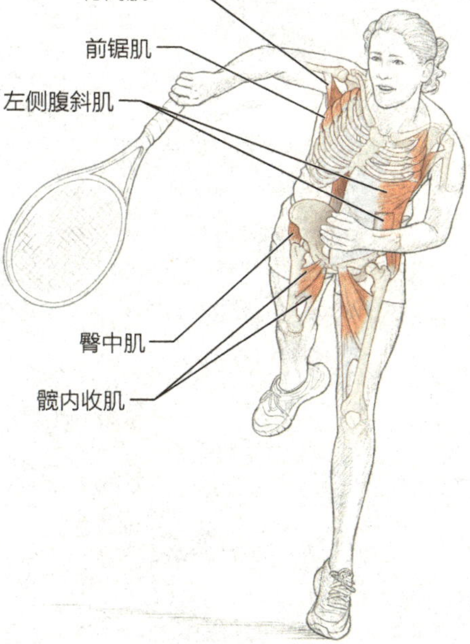

图1.5　网球运动员身体的螺旋线

当你将一只脚抬离地面进行单腿下蹲时，下蹲所涉及的运动平面就完全改变了。运动从双腿深蹲开始，主要是在矢状面运动，然后切换到单腿下蹲，此时应立即使用前侧和背侧斜向系统来控制身体在额状面和水平面上实现稳定和推进运动。

用左腿做单腿下蹲时，需要左侧臀肌、内收肌和腘绳肌收缩用力，同时需要胸腰筋膜、对侧腰方肌和腹外斜肌稳定支撑腿。每次你用一只脚在赛场上触地时都会使用这些系统，它们可以保护你免受伤害。

了解运动员在挥拍、投球或执行简单的日常行为时如何产生力量并保持稳定状态，可以看到同样的螺旋模式。

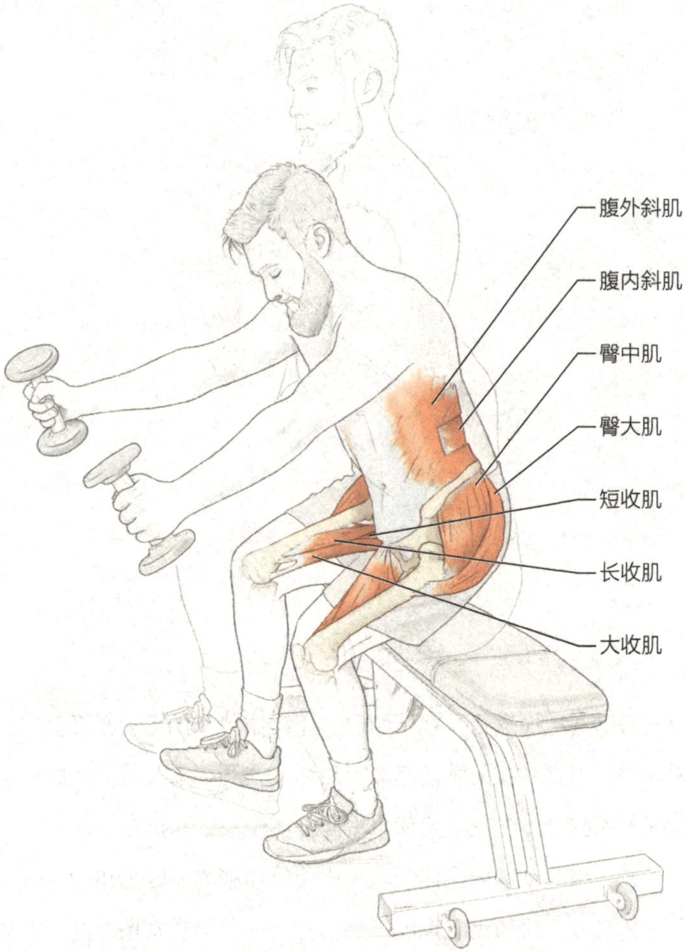

图1.6　在单腿下蹲过程中，前侧和背侧斜向系统的肌肉会被共同激活

人体非凡的张拉整合模型使人体可以协调有力、准确、可控地完成动作，因为它是作为一个紧密相连的系统运行的。人体的骨骼、肌肉、肌腱和筋膜网络由神经系统进行控制和整合。

人体的功能是一个多向的网络系统，在这个网络系统中，整体的功能大于各个部分功能的总和。在动态的运动环境中，在设计功能性训练计划的练习时，你必须考虑人体解剖学作为一个系统如何同步发挥功能。

本书的后续章节提供了一个框架，它将指导你根据人体的功能解剖特点来制定功能性训练计划。

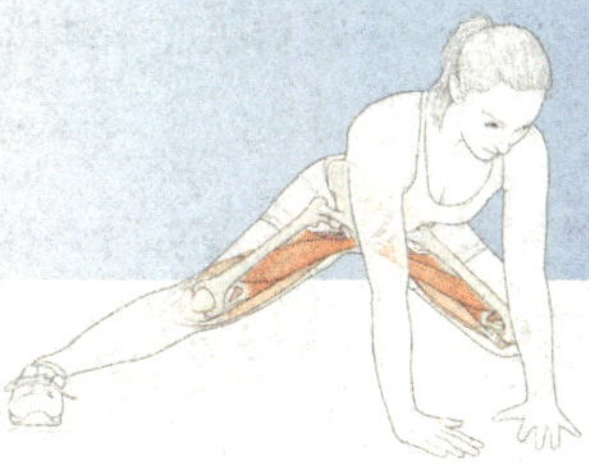

第2章

灵活性训练

在所有的功能性训练计划中，最重要的是让所有的关节都能在没有疼痛和限制的情况下进行全方位的活动，因为由于组织僵硬而导致的关节灵活性受限往往会导致代偿性运动和关节表面退行性改变。

灵活性和柔韧性

关节灵活性是指关节在完整运动范围内主动运动的能力。在训练中，你的目标应该是使所有主要关节的主动活动度最大化。

读到此定义时，你可能会认为灵活性和柔韧性是一回事，但从功能上看，这两个词有不同的定义。

- 灵活性是指给定关节和周围软组织结构的主动活动度和神经控制。
- 柔韧性是指给定关节和周围软组织结构的被动活动度。

尽管灵活性和柔韧性在定义上的差异似乎并不大，但它们在对功能的影响方面的差异很大。要想拥有一个真正功能齐全、运动高效的身体，你应该同时具备灵活性和柔韧性。

在负重运动中，肌肉不是简单地被动拉伸，而是在离心张力的作用下被拉长，需要利用对抗拉伸的力量和关节的神经控制。当肌肉在负重情况下被动拉伸时，它能做到不断裂，不仅取决于其柔韧性，还取决于局部肌肉的力量和神经系统对运动的控制。想象一下，棒球运动员伸手接住了对方球队本垒打的情况。对于运动员来说，重要的是要有被动移动的能力，如将手臂举过头顶，他还必须要有神经控制能力，其肩部肌肉也要具有一定的组织强度，以降低运动速度，避免肩关节脱臼或软组织损伤。因此，仅对组织进行被动拉伸以生成有效的关节活动度是不够的，在拉伸的同时，还需要肌肉主动用力，以改变组织结构并建立神经控制。

本章的运动指导部分提供了有关如何积极改善关节灵活性以最大限度地提高运动质量和减少运动损伤的提示。

灵活性和局部相互依赖性

身体的健康与否和功能完备与否在很大程度上取决于关节是否处于合理的位置，及其承受并适应压力的能力是否足够。由于恢复时间有限或训练量较大，训练压力增加，结缔组织的静息神经张力通常会增大，从而限制了关节的自由运动。如果不加以控制，关节灵活性受限会导致关节退化、结缔组织损伤和代偿性运动。

在有效开始传统的全身运动之前，保持身体各个关节的功能正常至关重要。如果一个关节没有足够的灵活性和神经控制能力，人体就可能会在相邻的关节处进行代偿以弥补该关节灵活性的不足。人体的各个部分是相互依存的，每个关节系统都依赖于其上方和下方关节系统的适当功能，因此一个关节功能受限常常会导致人体为了成功完成一项运动任务而采用效率较低的运动策略。

例如，如果你在深蹲时踝关节背屈角度不足，则你的身体必须通过大踇趾内收、脚过度旋前、胫骨内旋和股骨内收来代偿受限的踝关节灵活性，这通常会将过大的外翻应力施加在膝关节的内侧结构上，如图2.1所示。

如果你的所有关节都保持足够的灵活性，你就可以确保自己有足够的自由度来进行全方位的活动，而不会对关节及其周围的结缔组织施加过大的压力，或使邻近的关节系统采用代偿性运动策略。

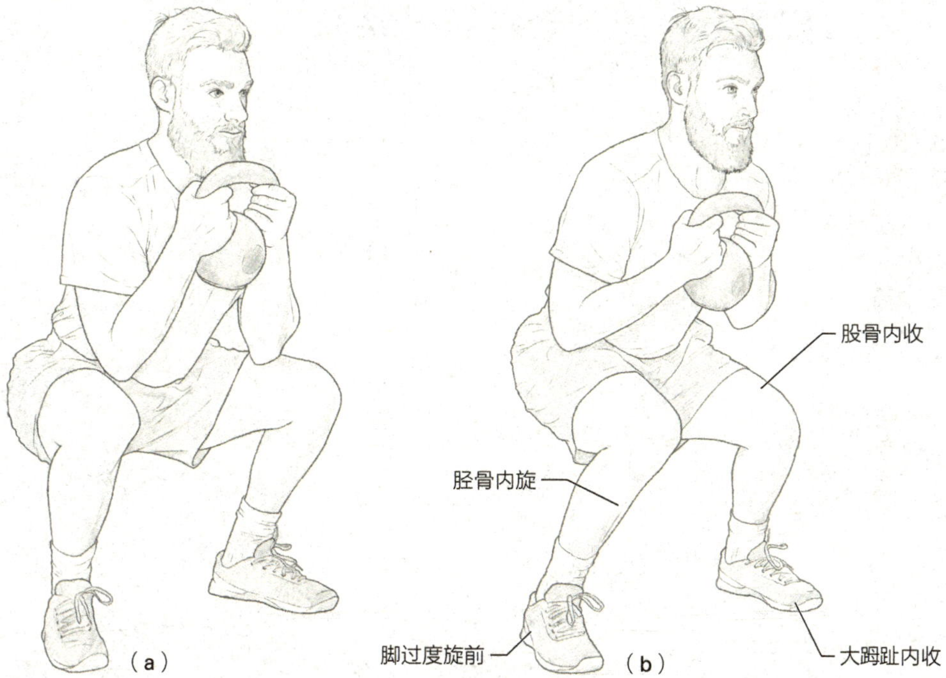

图2.1　技术正确并具有足够灵活性的深蹲（a）和存在代偿的深蹲（b）

90/90髋关节拉伸（外旋和屈曲）

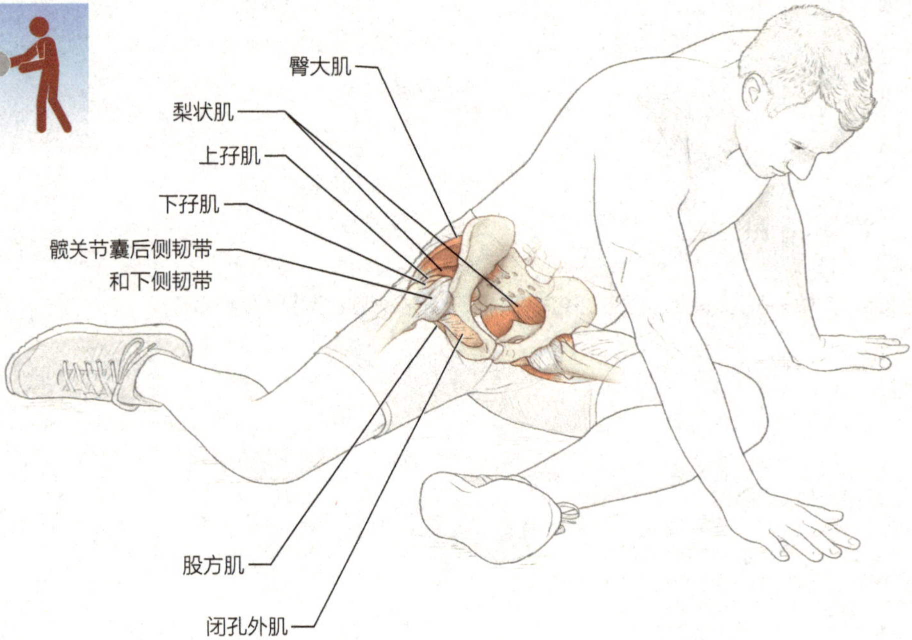

训练步骤

1. 坐在地上，臀部、膝关节和踝关节呈直角。一条腿放在前面，一条腿放在后面。
2. 将双手放在外旋腿前面的两侧。
3. 通过收缩前腿的臀肌，主动将前腿压向地面。
4. 主动使用髋屈肌将躯干拉到前腿上方，同时保持脊柱中立。在另一侧做相同的练习。

参与的肌肉

主要肌群

- 髋关节囊后侧韧带和下侧韧带
- 臀大肌
- 梨状肌

辅助肌群

- 上孖肌和下孖肌
- 闭孔外肌
- 股方肌

变化动作

90/90髋关节拉伸（内旋和伸展）

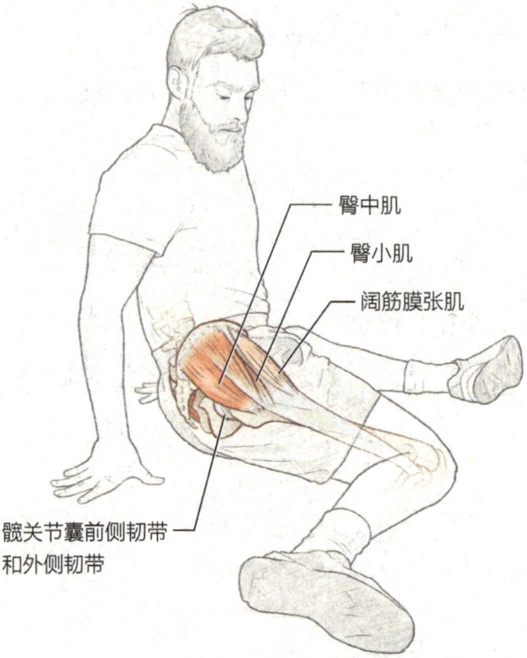

90/90髋关节拉伸的这个变化动作是为了专门锻炼髋关节的内旋和伸展能力而设计的。此练习和主要练习一样，以90/90的坐姿进行；但是此练习的重点是伸展对侧髋关节，使其内旋和伸展。

坐在地上，髋关节、膝关节和踝关节成直角。一条腿放在前面，一条腿放在后面。双手放在臀部后面两侧，尽可能坐直。主动将双腿压向地面并将躯干靠近后侧的内旋腿。

蜘蛛侠式拉伸

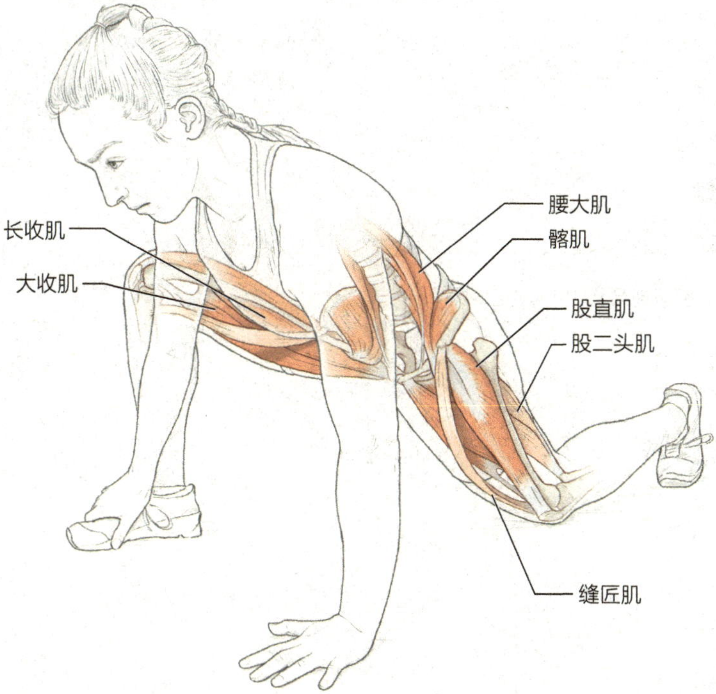
长收肌
大收肌
腰大肌
髂肌
股直肌
股二头肌
缝匠肌

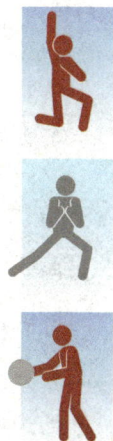

训练步骤

1. 以俯卧撑姿势开始，双手放在肩膀的正下方并伸直双臂。
2. 左膝着地，右脚向前迈步，使右脚位于右手外侧。
3. 将右肘靠在右膝内侧并向外推，同时右腿内收肌也向肘部用力挤压。
4. 使用臀肌将后臀部向地板方向下压。在另一侧做相同的练习。

参与的肌肉

主要肌群

- 大收肌
- 长收肌
- 半膜肌
- 半腱肌
- 股薄肌（前侧腿）
- 关节囊前侧韧带
- 髂肌
- 腰大肌
- 股直肌（后侧腿）

辅助肌群

- 股二头肌（前侧腿）
- 缝匠肌（后侧腿）

功能要点

蜘蛛侠式拉伸是一种有双重用途的灵活性练习，能提高前侧腿髋关节屈曲和后侧腿髋关节伸展的灵活性。该练习对于提高髋关节的灵活性和相关软组织的延展性特别有效，如深蹲时髋关节的灵活性，以及短跑等运动中后侧髋关节周围软组织的延展性。髋关节缺乏灵活性会对短跑产生消极影响，并导致脊柱和骨盆做代偿性运动，从而导致背部疼痛。

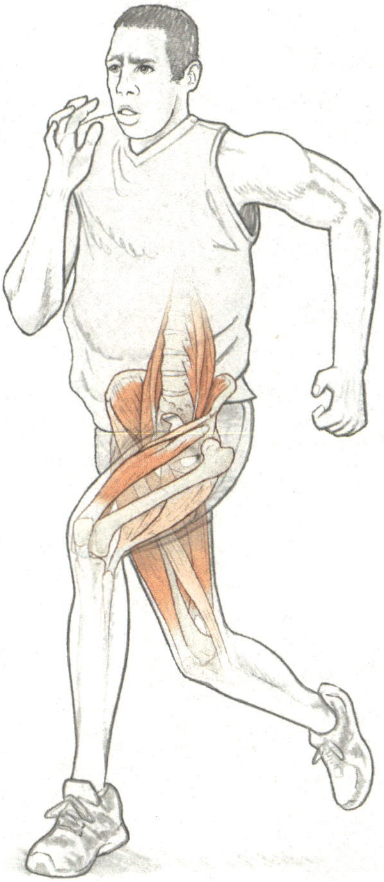

直腿内收肌动态拉伸

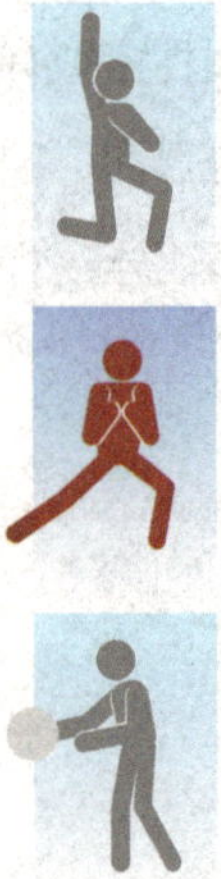

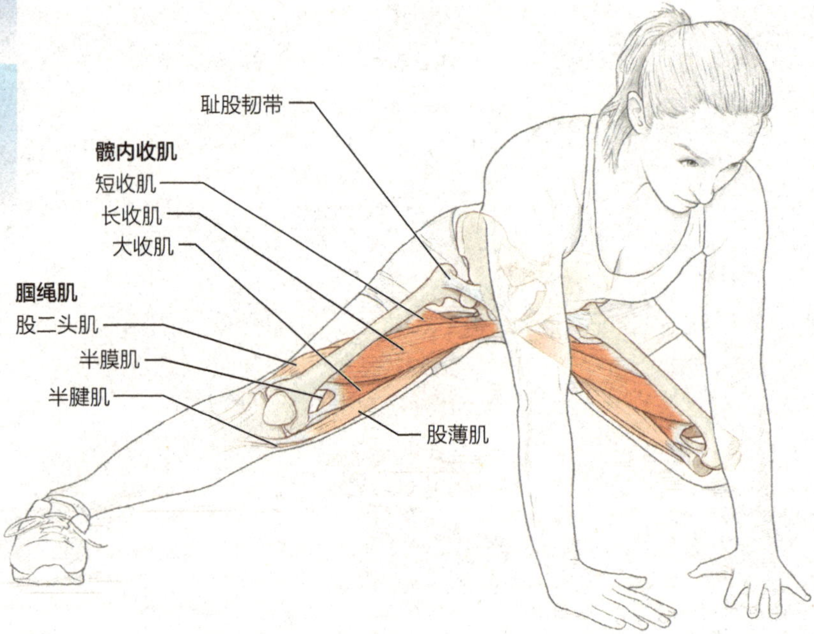
耻股韧带
髋内收肌
短收肌
长收肌
大收肌
腘绳肌
股二头肌
半膜肌
半腱肌
股薄肌

训练步骤

1. 以跪姿开始，髋关节尽量外展。
2. 将右腿向右侧伸直，同侧膝关节伸展，踝关节向内侧转动，使右脚平放在地面上。
3. 保持脊柱平直，将髋关节向后向下推向地面，同时主动用嘴呼气。
4. 身体向前摇摆，重复规定的次数。在另一侧做相同的练习。

参与的肌肉

主要肌群

- 耻股韧带
- 髋内收肌（短收肌、长收肌、大收肌）

辅助肌群

- 股薄肌
- 耻骨肌
- 腘绳肌（股二头肌、半膜肌、半腱肌）

功能要点

直腿内收肌动态拉伸可以有效地提高髋关节外展时的软组织延展性。在田径运动、球类运动和滑冰运动中，在额状面拥有足够的髋关节灵活性对于改变运动方向特别重要。髋关节内收肌群缺少延伸性会使运动员面临内收肌拉伤和运动疝损伤的风险。

半跪姿髋屈肌拉伸

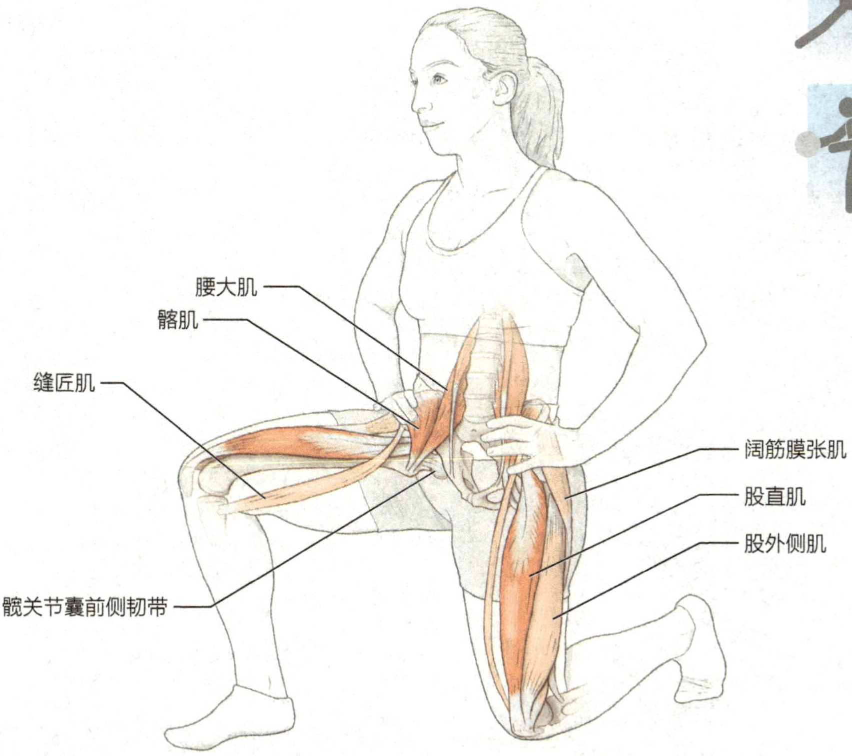
腰大肌
髂肌
缝匠肌
髋关节囊前侧韧带
阔筋膜张肌
股直肌
股外侧肌

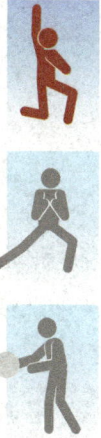

训练步骤

1. 以半跪姿开始，左膝着地，右腿向前伸出，同侧膝关节屈曲90度。
2. 左脚踝关节背屈，脚趾紧贴地面。
3. 注意向后倾斜骨盆并下移肋骨，使腹部收紧。
4. 收缩腹肌，同时收缩臀肌，并主动用鼻子吸气，用嘴呼气。在另一侧做相同的练习。

参与的肌肉

主要肌群

- 髋关节囊前侧韧带
- 髂肌
- 腰大肌
- 股直肌

辅助肌群

- 股外侧肌
- 阔筋膜张肌
- 缝匠肌

功能要点

半跪姿髋屈肌拉伸的目的是通过拉伸前侧腿髋屈肌（特别是髂肌、腰大肌和股直肌）来提高软组织的延展性。当进行需要髋关节屈曲的运动时，如短跑、骑自行车和滑冰，保持髋关节伸展的灵活性对维持髋关节的健康尤为重要。

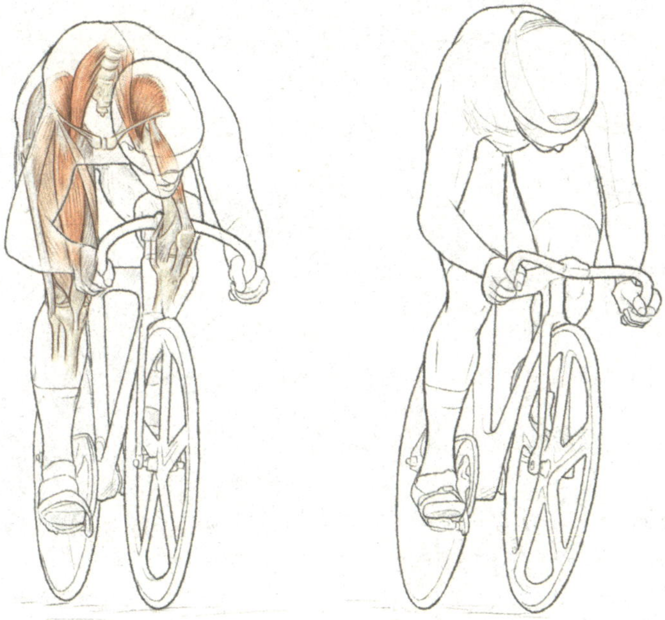

股四头肌靠墙拉伸

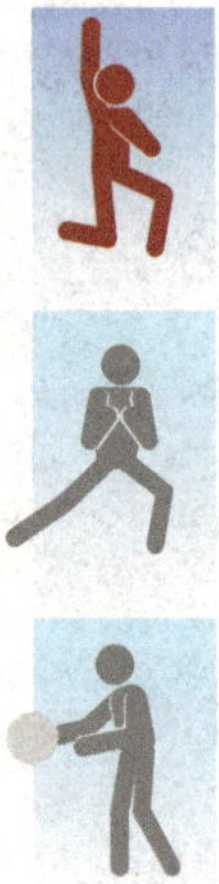

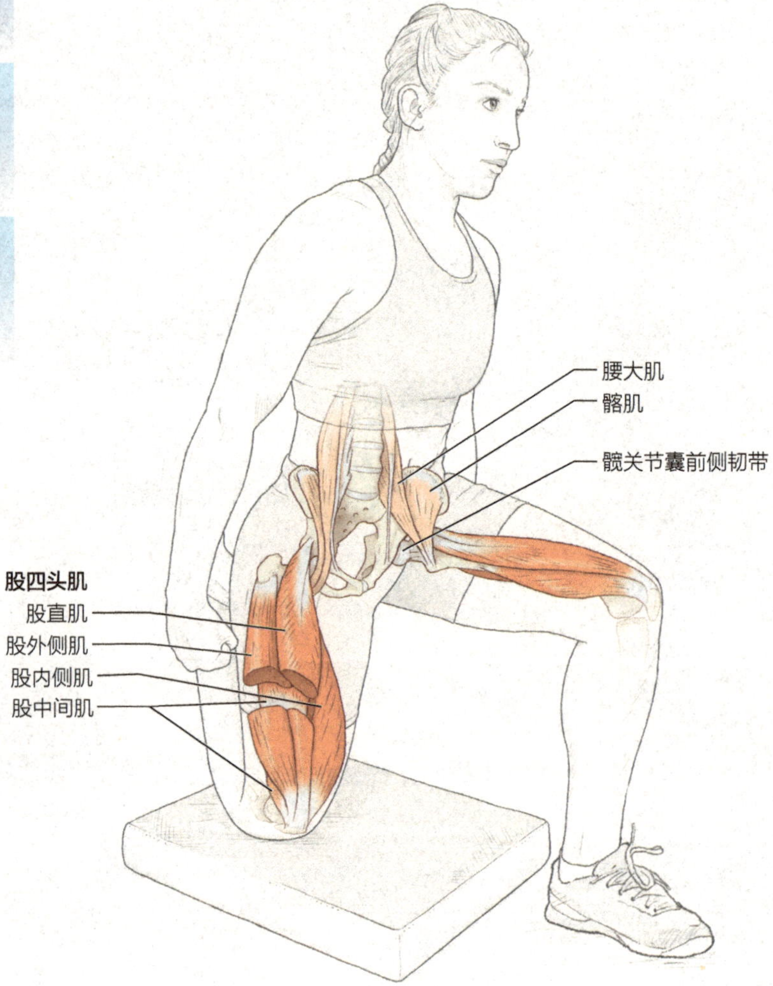
腰大肌
髂肌
髋关节囊前侧韧带
股四头肌
股直肌
股外侧肌
股内侧肌
股中间肌

训练步骤

1. 采用半跪姿，右膝着地，背对墙壁。右腿膝关节屈曲，使右脚位于墙壁和臀部之间。为了舒适起见，你可以在右腿膝关节下方放个软垫。
2. 左腿在前，同侧膝关节屈曲90度，左脚平放在地面上。
3. 伸展髋关节和脊柱，身体向上拉伸，右腿膝关节和头部保持在一条直线上。
4. 保持骨盆后倾和腹部收紧，并主动用鼻子吸气，用嘴呼气。

参与的肌肉

主要肌群

- 髋关节囊前侧韧带
- 股四头肌（股直肌、股外侧肌、股内侧肌、股中间肌）

辅助肌群

- 髂肌
- 腰大肌

功能要点

股四头肌缺乏柔韧性会限制短跑时脚跟抬起的高度，并增加髌骨疼痛的可能性。通过灵活性训练提高股四头肌的柔韧性，可以改善短跑技巧，减少股四头肌拉伤和膝关节疼痛的风险。

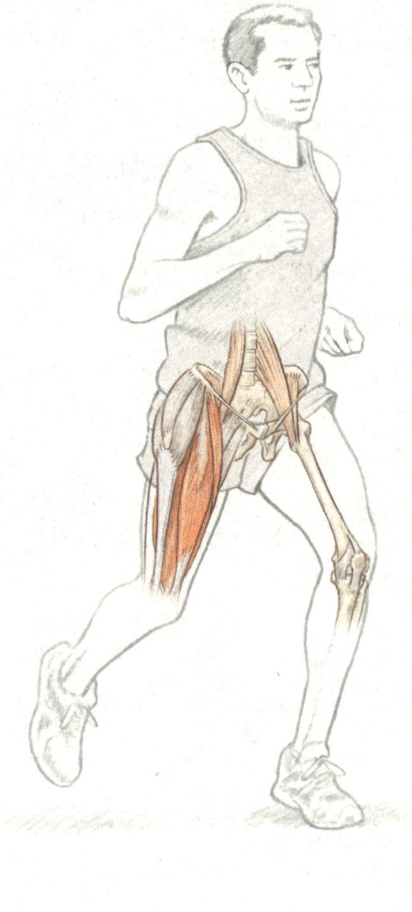

踝关节背屈拉伸

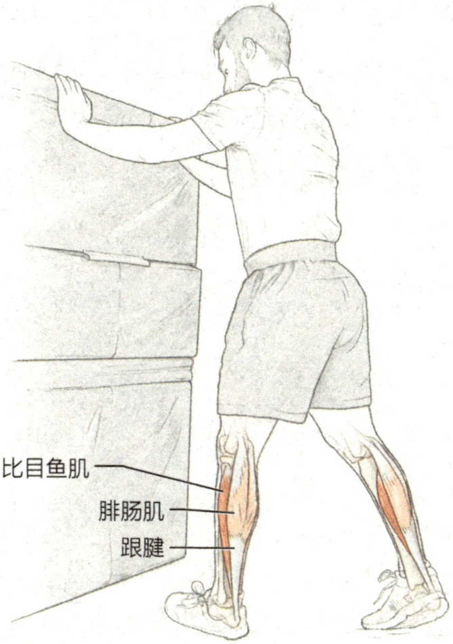

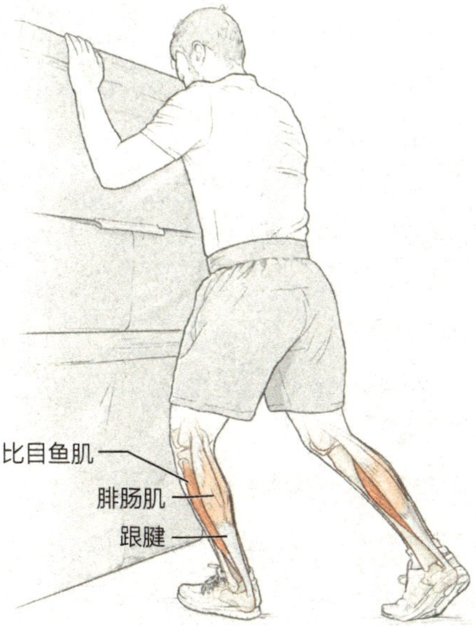

训练步骤

1. 在离墙壁大约30厘米的位置站立，双手稳稳地扶住墙壁。
2. 双脚前后站立，将身体90%的重量放在前腿上。
3. 尽可能屈曲后腿的膝关节，使其位于双脚之间，在不抬起前脚脚跟的情况下，主动收缩前腿的胫骨前肌，使前脚踝关节背屈。
4. 保持该姿势10秒，然后按照设定的重复次数进行练习。在另一侧做相同的练习。

参与的肌肉

主要肌群

- 跟腱
- 比目鱼肌

辅助肌群

- 腓肠肌

功能要点

踝关节背屈拉伸对于运动中的冲刺和减速，以及在力量房进行合理的深蹲和弓步练习都非常重要。踝关节背屈不足会使运动员面临踝关节扭伤和比目鱼肌、腓肠肌、跟腱和足底筋膜软组织拉伤的风险。

肩关节控制性旋转练习（关注屈曲）

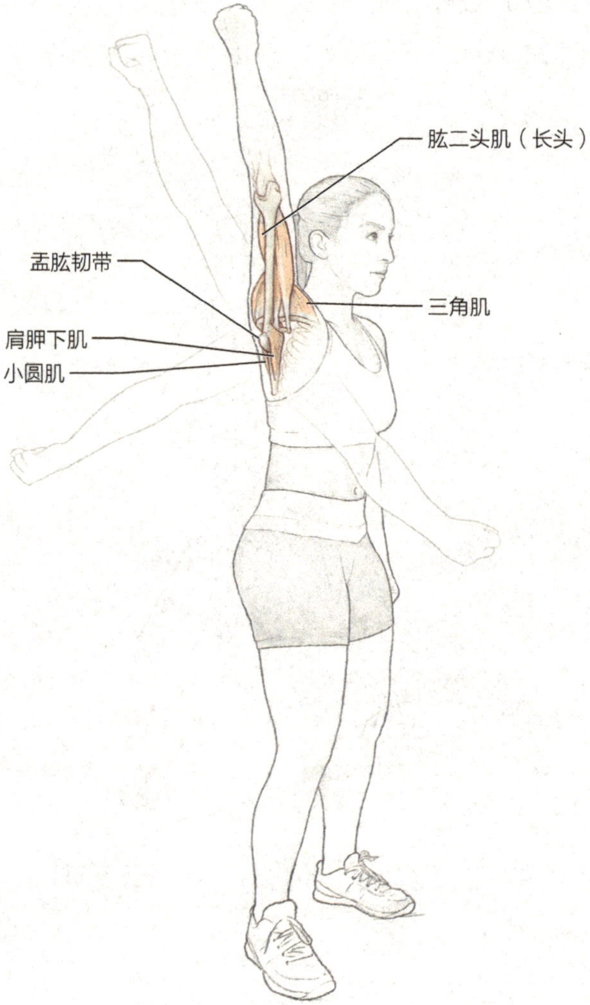

训练步骤

1. 在离墙壁大约30厘米的位置站立，肩膀的侧面朝向墙壁。
2. 伸直肘部，手臂完全旋后，向外旋转，在不增加胸部伸展和旋转的情况下，尽量向上弯曲肩膀。
3. 到达终点后，手臂向内旋转，掌心向下，并在身后继续环绕，直到回到起始位置。
4. 该练习应缓慢、可控地进行，肩关节周围的肌肉要完全绷紧，胸部不能有代偿性运动。重复5次，然后换另一侧进行相同的练习。

参与的肌肉

主要肌群

- 盂肱韧带

辅助肌群

- 三角肌
- 肱二头肌（长头）
- 肩袖（冈下肌、冈上肌、肩胛下肌、小圆肌）

变化动作

肩关节控制性旋转练习（关注伸展）

这个由肩关节控制性旋转练习（关注屈曲）变化而来的动作侧重于将整个关节外旋发展为伸展。在靠墙大约30厘米的位置站立，肩膀的侧面朝向墙。伸直肘部，手臂内旋，尽量将肩膀向后伸展，而不要用胸部屈曲和旋转来补偿。到达末端范围后，手臂向外旋转，掌心向上，手臂继续环绕，直到回到起始位置。该练习应缓慢、可控地进行，肩关节周围的肌肉要完全绷紧，胸部不能有代偿性运动。重复5次，然后换另一侧进行相同的练习。

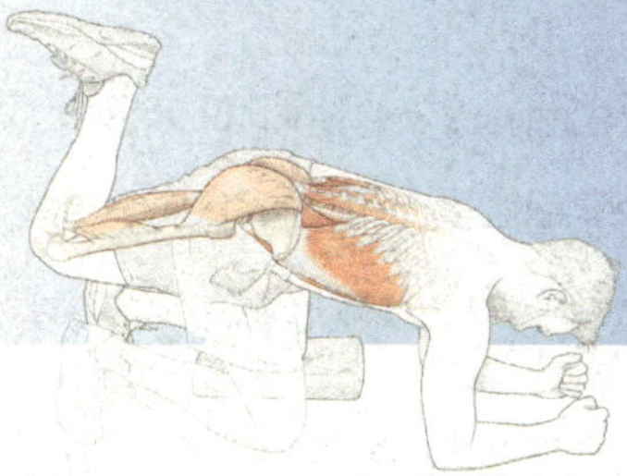

第3章

运动控制和动作准备练习

运动控制和动作准备练习是指运动员在热身过程中所做的运动，其目的是教运动员如何有效地运动，以便为高强度运动做准备。这些练习可以训练和改善运动控制能力，即个人通过神经通路控制运动的能力。假设你拥有完成一个动作模式所需的关节灵活性，那么你就需要努力发展自己的能力：在低负荷情况下有效地完成关节活动度内的动作，然后将其逐步纳入力量训练中。简单地说，你需要学习如何在恰当的时间使用恰当的肌肉活动恰当的关节。通常情况下，运动员会不自觉地使用低效的代偿性运动策略，这会使他们在训练和比赛中受伤的风险变得更高。举个例子，运动员可能会将腰椎伸展作为对髋关节伸展或核心稳定性不足（或两者）的代偿性运动策略。这样的代偿性运动策略会导致代偿肌群的过度使用、局部关节退行性改变和疲劳。通过逐步重新训练动作模式，你的动作将变得更加高效，并且，随着时间的推移，你发生运动损伤和生物力学效率低下的可能性将会减小。

理想情况下，你希望在本部分中选用的运动控制和动作准备练习与你打算在功能性训练计划的力量和爆发力部分中使用的练习直接相关，并与运动的具体表现相关。通过选用低阈值的运动控制和动作准备练习，并过渡到高阈值的力量和爆发力练习，你就可以确保在增加练习负荷和提高动作速度之前拥有良好的动作模式，从而确保运动效率。

下面是一个示例，它展示了在功能性训练计划中如何逐步使运动控制和动作准备练习与力量和爆发力练习建立联系。

仰卧抬腿（见图3.1）用于训练骨盆的稳定性和改善对侧髋关节的屈曲和伸展能力。仰卧抬腿可锻炼腹部肌肉组织以稳定骨盆，还可减小髋屈肌和腘绳肌承受的压力，并支持更大的髋关节屈曲和伸展活动度。在跑步和单腿硬拉等练习中，良好的髋关节屈曲和伸展能力是至关重要的。（参见第1章）

单腿硬拉是一种力量练习，可以增强后侧运动链的力量和提高髋关节的多平面稳定性。要想正确地进行单腿硬拉练习，运动员需要具备较强的髋关节屈曲和伸展能力，因此运动员需要首先进行运动控制和动作准备练习（如仰卧抬腿）。

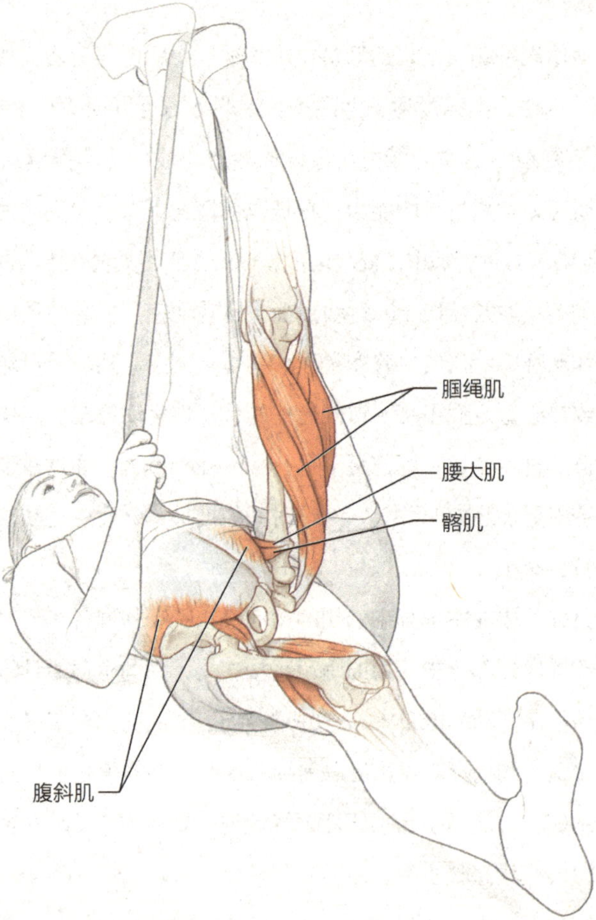

图3.1 仰卧抬腿用于训练骨盆的稳定性，同时可以改善单腿硬拉等髋关节铰链练习过程中对侧髋关节的屈曲和伸展能力

在快速移动的过程中，用脚踢足球等动作（见图3.2）需要极高的髋关节灵活性和稳定性。为了在运动场上更好地完成这些动作，运动员应使用仰卧抬腿来提高髋关节的灵活性，使用单腿硬拉来提高髋关节的稳定性。

在进行高负荷和高速运动之前，在较低负荷和较低压力条件下让关节处于合理的相对位置非常重要。如前所述，运动控制和动作准备练习可以帮助你建立有效的运动策略，并帮助你在进行高强度训练之前进行热身。

图3.2　运动员必须有足够的力量来稳定身体，同时最大限度地伸展髋关节，而不用腰椎进行代偿

仰卧腹式呼吸

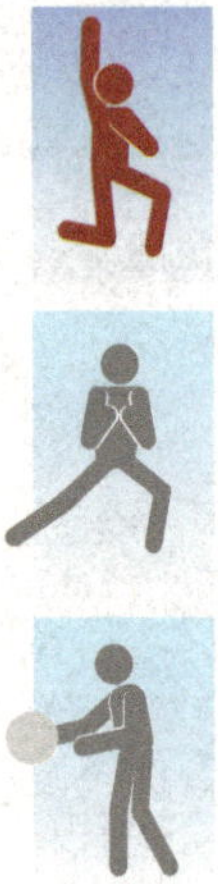

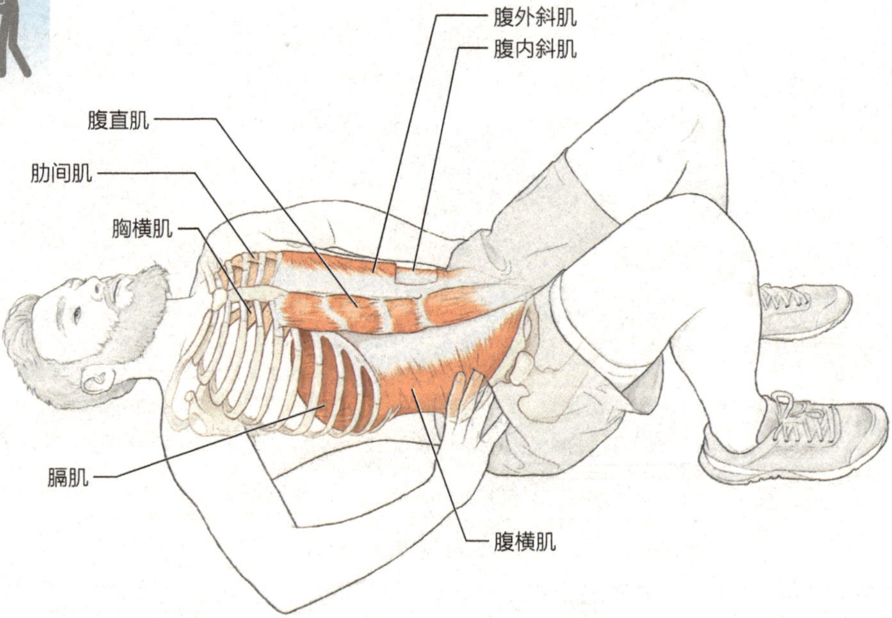
腹外斜肌
腹内斜肌
腹直肌
肋间肌
胸横肌
膈肌
腹横肌

练习步骤

1. 平躺，双膝屈曲，双脚平放在地面上。
2. 稍微向后倾斜骨盆，以便脊柱平放在地面上而尾骨抬高。
3. 用鼻子吸气4秒，尽力向各个方向扩张胸腔。
4. 用嘴呼气8秒，将胸腔向下和向内收缩，最后屏住呼吸2秒。

参与的肌肉

主要肌群

- 膈肌
- 腹直肌
- 腹内斜肌
- 腹外斜肌
- 腹横肌

辅助肌群

- 胸横肌
- 肋间肌

功能要点

仰卧腹式呼吸练习的目的是增强运动员调动基本呼吸肌肉组织的能力。正确使用膈肌、腹内斜肌和腹外斜肌，可以增强运动员在换气过程中的气体交换能力，并在运动过程中提高核心的稳定性，以及使胸腔和骨盆处在合适的位置。

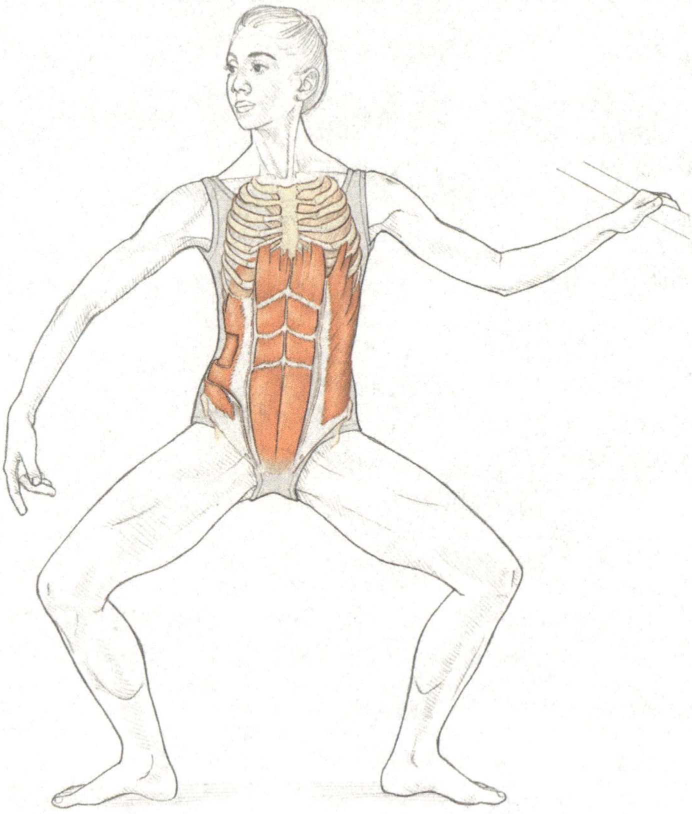

地面滑臂练习

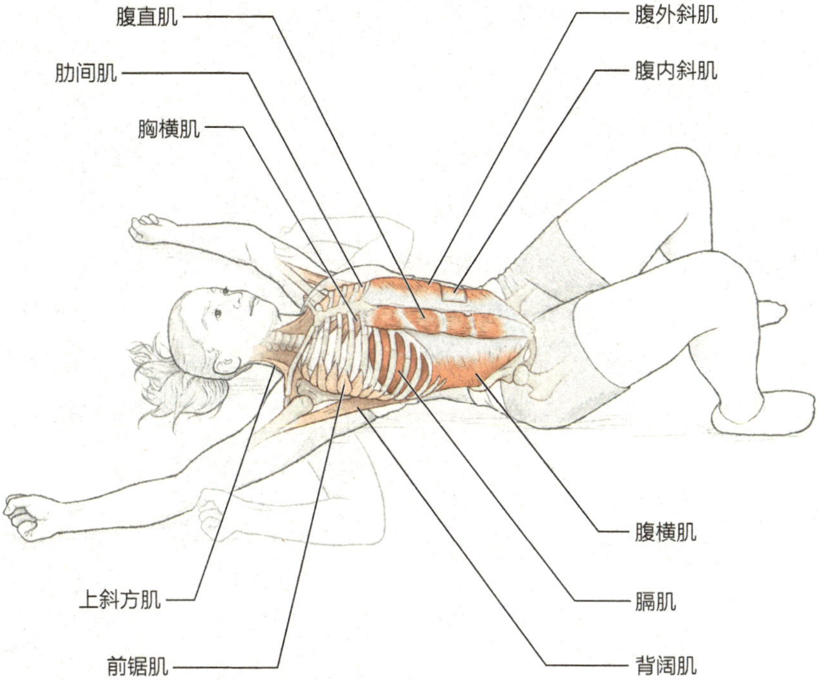
腹直肌
肋间肌
胸横肌
腹外斜肌
腹内斜肌
腹横肌
膈肌
背阔肌
上斜方肌
前锯肌

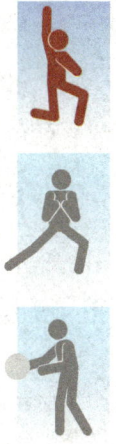

练习步骤

1. 平躺，双膝屈曲，双脚平放在地面上，两侧肩关节向外旋转，双手握拳，双臂在身侧的地面上呈W形放置。
2. 稍微向后倾斜骨盆，以便脊柱平放在地面上而尾骨抬高。
3. 在开始练习之前，用鼻子吸气。开始练习后，在用嘴呼气的同时，双臂向上滑动，尽量让左右拳头越过头顶，并保持左右拳头和双肘紧贴地面。
4. 吸气，同时双肘回到起始位置。在整个练习过程中，腰椎始终与地面保持接触。

参与的肌肉

主要肌群

- 膈肌
- 腹直肌
- 腹内斜肌
- 腹外斜肌
- 腹横肌
- 小圆肌
- 冈下肌
- 冈上肌

辅助肌群

- 胸横肌
- 肋间肌
- 背阔肌
- 前锯肌
- 上斜方肌和下斜方肌

功能要点

手臂在肩关节上方屈曲和外旋时，地面滑臂练习可以训练肱骨、肩胛骨和胸腔合理的运动控制顺序。当运动员的肩关节活动受限且躯干的抗伸展控制不佳时，他们通常会用躯干伸展代替肩关节屈曲，这使得他们有可能由于代偿性运动策略而有患上肩关节撞击综合征或颈肩疼痛的风险。这个练习可以教你在保持正确的胸廓位置的同时，进行肱骨的屈曲和外旋以及肩胛骨的向上旋转。这个练习可以改进过顶练习的动作模式，如过顶投掷、过顶推举和正手引体向上。

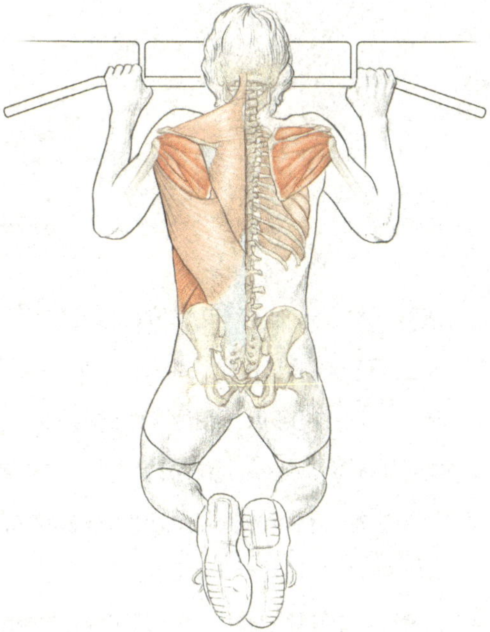

变化动作

靠墙滑臂练习

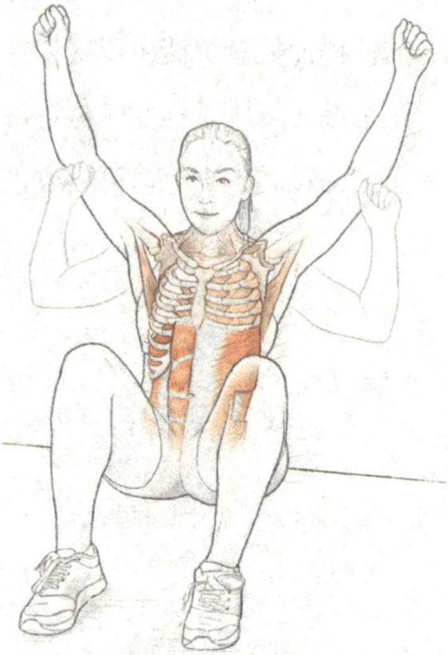

靠墙坐，双膝屈曲，双脚平放在地面上，头和脊柱紧贴墙壁。两侧肩关节外旋，双手握拳，双臂在身侧的墙壁上呈W形放置，以便双手手背、左右前臂和双肩紧贴墙壁。在开始练习之前，用鼻子吸气；开始练习后，在用嘴呼气的同时，双臂向上滑动，尽量让左右拳头越过头顶，同时主动外旋肩关节，并保持腰椎、左右拳头和左右前臂紧贴墙壁。吸气，同时双肘回到起始位置。在整个练习过程中，保持腰椎、左右拳头和左右前臂紧贴墙壁。

靠墙滑臂练习是地面滑臂练习的进阶版本，由于躯干处于垂直位置而变得更具挑战性。在从仰卧位到垂直位的过程中，你必须在没有地面支撑的情况下将脊柱稳定在矢状面上。这个练习更加困难，因为身体处于垂直位置时，你无法借助重力来外旋肩关节，而必须主动用力外旋肩关节以使双肩紧贴墙壁。

弹力带辅助单腿下落练习

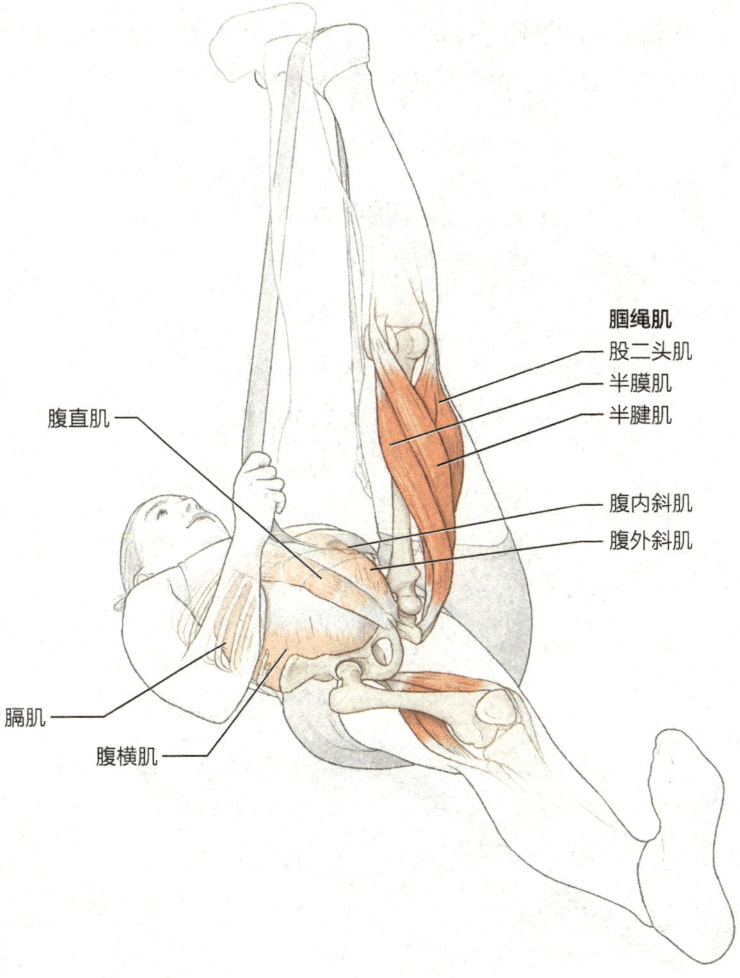

练习步骤

1. 平躺，双腿伸直，双手握住弹力带并且弹力带绕着一侧脚的足弓。
2. 髋关节屈曲，双腿尽量抬高，同时保持双腿伸直。
3. 在开始练习之前，先用鼻子吸气。开始练习后，在用嘴呼气的同时慢慢放下没有用弹力带固定的一侧腿，并始终保持双腿伸直。
4. 在整个练习过程中，用弹力带固定的一侧腿应保持完全静止且伸直。吸气，同时另一侧腿返回起始位置。在另一侧进行相同的练习。

参与的肌肉

主要肌群

- 腘绳肌（股二头肌、半膜肌、半腱肌）

辅助肌群

- 腹直肌
- 膈肌
- 腹内斜肌
- 腹外斜肌
- 腹横肌

功能要点

弹力带辅助单腿下落练习可以训练对侧髋关节的屈曲和伸展能力，使运动员在跑步或者进行髋关节铰链练习时保持髋关节屈曲和伸展的良好幅度，同时避免脊柱和骨盆进行代偿性运动，从而避免产生运动损伤和运动表现变差。当你能够很好地完成弹力带辅助单腿下落练习，你就可以增加难度继续进行无弹力带辅助单腿下落练习，以进一步增强躯干、骨盆和股骨的运动控制能力。

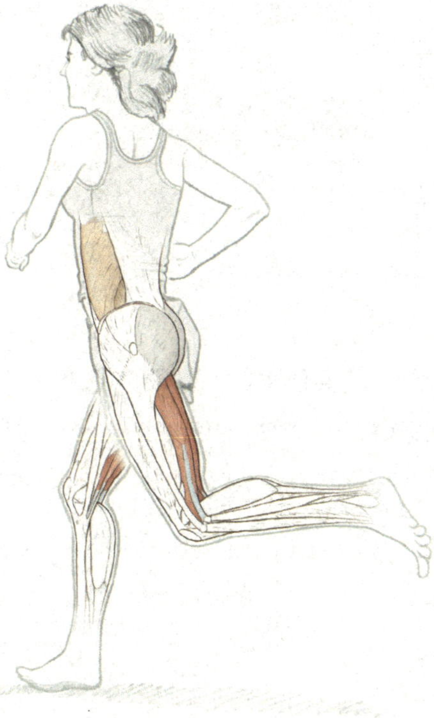

变化动作

无弹力带辅助单腿下落练习

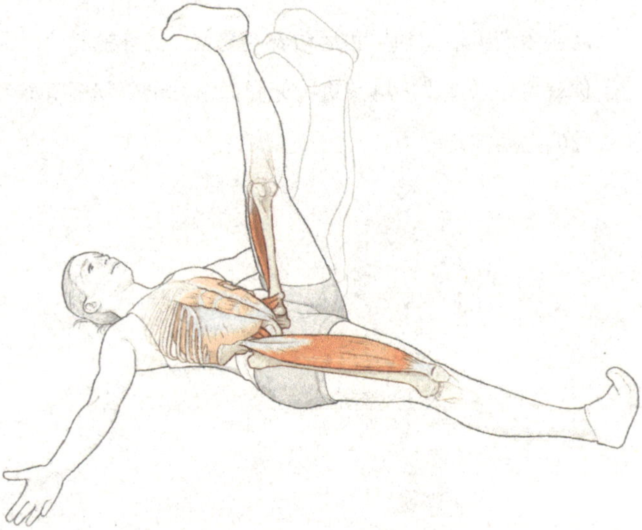

仰卧，双腿伸直，髋关节尽可能屈曲。在开始练习之前，先用鼻子吸气。开始练习后，在用嘴呼气的同时慢慢放下一侧腿，保持双腿伸直。保持固定腿完全稳定和伸展，并在整个练习过程中始终保持该侧髋关节屈曲。吸气，同时移动腿返回起始位置。在另一侧进行相同的练习。

四点支撑髋关节伸展（肘部支撑）

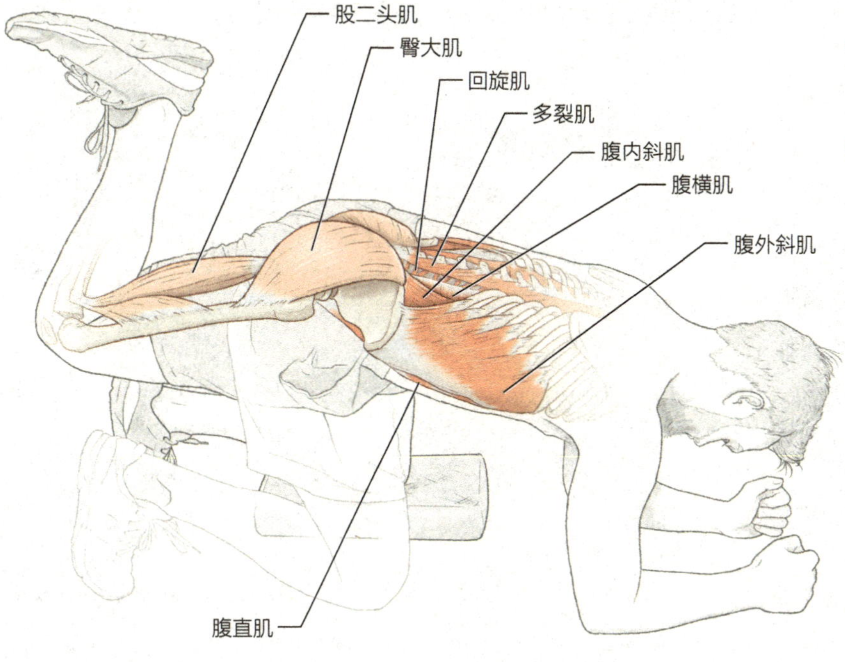

练习步骤

1. 以四点支撑姿势开始，左右前臂放在地上，双肘在肩关节的正下方，双膝在髋关节的正下方。将一个膝关节放在垫子上，另一个膝关节放在垫子外。
2. 在开始练习之前，先用鼻子吸气。开始练习后，在用嘴呼气的同时慢慢抬起不在垫子上的膝关节，直到该侧大腿与地面平行。
3. 伸展抬起腿侧的髋关节，同侧脚掌朝向天花板，同时保持脊柱中立。
4. 吸气，同时抬起腿回到起始位置。在另一侧进行相同的练习。

参与的肌肉

主要肌群

- 腹直肌
- 膈肌
- 腹内斜肌
- 腹外斜肌
- 腹横肌
- 多裂肌
- 回旋肌

辅助肌群

- 臀大肌
- 股二头肌

功能要点

四点支撑髋关节伸展（肘部支撑）的重点是掌握髋关节伸展与脊柱和骨盆伸展之间的区别。运动员通常会通过腰椎伸展来弥补髋关节伸展和抗伸展核心力量的不足，这使得他们会产生腰痛的风险。在正确执行此练习的过程中，你应充分伸展髋关节，而不是通过腰椎进行代偿性运动。

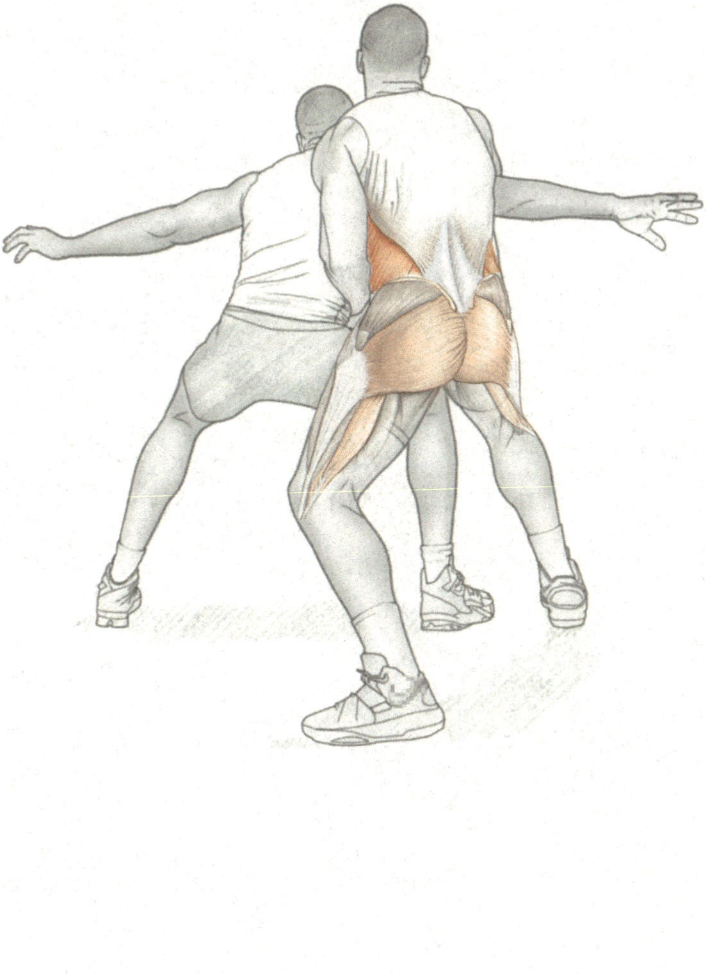

仰卧弹力带髋关节屈曲

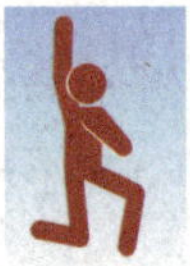

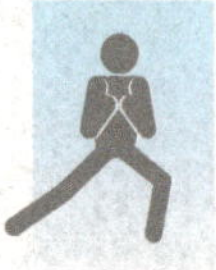

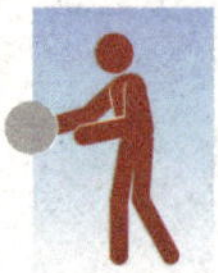

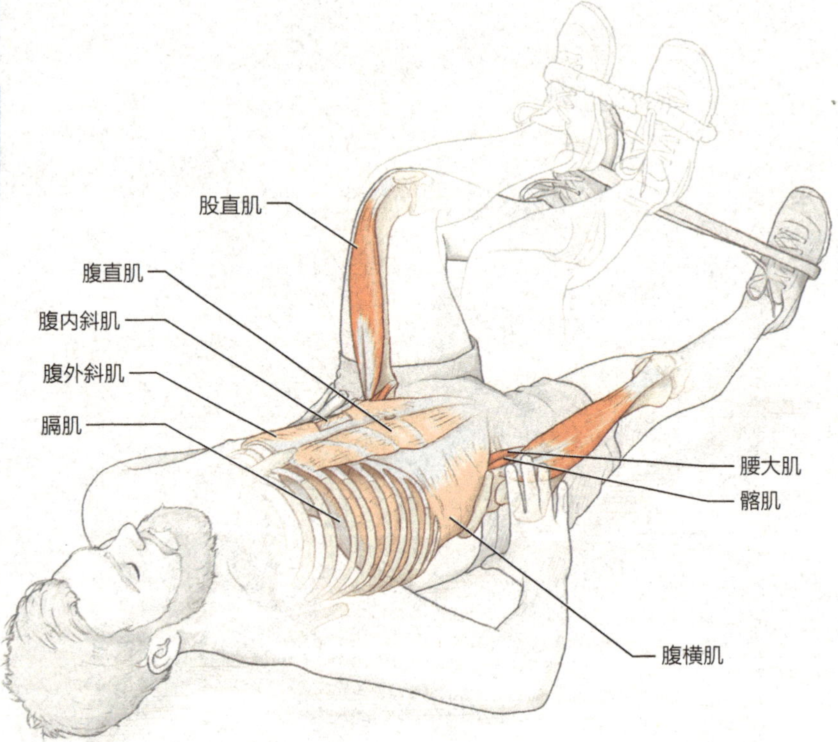
股直肌
腹直肌
腹内斜肌
腹外斜肌
膈肌
腰大肌
髂肌
腹横肌

练习步骤

1. 以仰卧姿势开始，双腿向胸部屈曲90度，弹力带绕着双脚足弓，此时，弹力带存在较小的拉力。
2. 在开始练习之前，先用鼻子吸气。开始练习后，在用嘴呼气的同时慢慢伸直一侧腿，对侧髋关节仍然保持屈曲，抵抗弹力带增加的拉力。
3. 吸气，同时伸直腿回到起始位置。在另一侧进行相同的练习。

参与的肌肉

主要肌群

- 腰大肌
- 髂肌
- 股直肌

辅助肌群

- 腹直肌
- 膈肌
- 腹内斜肌
- 腹外斜肌
- 腹横肌

功能要点

这个练习的重点是训练髋屈肌的力量，特别是腰大肌和髂肌，同时训练在单侧髋关节屈曲和伸展时骨盆和腰椎的稳定性。对于在高效跑步及在短跑和需要反复急停与变向的运动（如足球运动）中避免髋屈肌劳损来说，利用腰大肌和髂肌主动屈曲和伸展髋关节以及控制骨盆位置的能力至关重要。

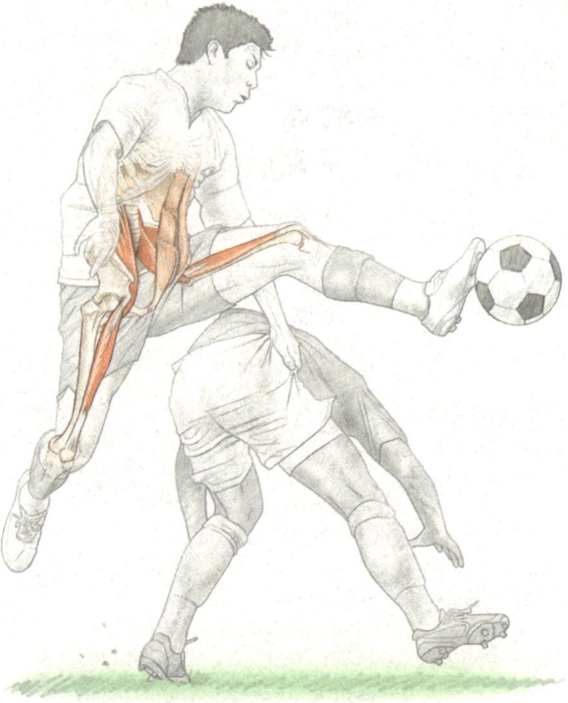

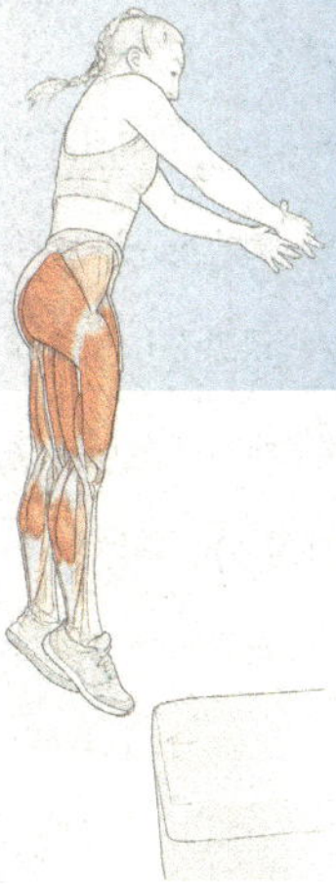

第4章

增强式训练和实心球练习

在大多数体育比赛中，迅速而有爆发力地运动对成功至关重要——跳得最高、跑得最快、击打得最有力的运动员往往是赢得比赛的人。因此，爆发力训练是功能性训练的重要组成部分。

教练在设计功能性训练计划时，应该确保其包含各种上肢力量训练和下肢力量训练，包括双侧和单侧以及所有运动平面的力量训练。均衡的力量训练计划能确保运动员为不可预测的运动环境做好准备。

除了改善运动表现外，增强式训练和实心球练习也是预防运动损伤的重要练习方式。运动员逐步适应高速和高冲击性的运动，可以不断强化自身的神经系统，使这种神经反应能力稳定下来，并改善局部软组织的弹性，以满足高强度运动的需求。

跳跃、单腿跳和交替换腿跳

在继续学习之前，你应该了解一些与下肢力量训练有关的基本术语。明确通用术语对于确保教练之间以及教练和运动员之间的清晰沟通非常重要。尽管教练和运动员在实际交流中经常混用这些术语，但本文遵循以下定义。

跳跃：两条腿起跳，两条腿落地。

单腿跳：一侧腿起跳，同一侧腿落地。

交替换腿跳：一侧腿起跳，另一侧腿落地。

功能性训练计划包含各种各样的下肢增强式训练非常重要。在所有均衡的功能性训练计划中，双侧和单侧训练都应该占有一席之地。为了确保健康，你应集中精力在所有运动平面训练减速和产生爆发力的能力，就像你在运动场上需要做的那样。竞技运动的动态性要求运动员在矢状面、额状面和水平面进行减速和加速。包含跳跃、单腿跳和交替换腿跳等多元化练习的功能性训练计划可以确保你为在比赛中将要面对的压力做好充分的准备。

实心球投掷

就像跳跃、单腿跳和交替换腿跳是训练下肢力量的有效动作一样，你应该让自己的上肢力量训练计划包含各种实心球练习。投掷低到中等重量的实心球［2～10磅（1磅≈4.5千克，后不再标注）］可以募集更多参与快速运动的运动单元，这是训练上肢力量所必需的。此外，过顶投掷实心球对于调节肩关节在投掷减速阶段发生的离心应力非常有效。选择实心球练习时，你应该有目的地选择训练运动中主要表现形式力量的练习。

一般人群的爆发力训练

通常，教练和受训者都认为爆发力训练应该只适用于运动员；但是，一般人群也可以从爆发力训练中获益良多。随着年龄的增长，人们的神经传导速度会变慢，人们协调高阈值运动单元收缩的能力会减弱。无法发挥下肢力量会导致人们步行速度降低，并容易被绊倒和意外跌倒。考虑到这一点，一般人群，尤其是老年人的功能性训练计划应包含爆发力训练，以保持神经肌肉的效率。

减速先于加速

想到爆发力训练，我们通常会想到人们跳向空中的训练，但我们有多少次会想到他们是如何落地的呢?

在培养高效、抗损伤的运动员的功能性训练计划中，减速是一个经常被忽视的部分。由于重力的作用，每一次跳跃、单腿跳和交替换腿跳，都会有一次落地。与进行任何高速运动一样，其安全性与个人的减速方式相关，而不是与个人的加速方式相关。你会在没有刹车的情况下快速驾驶跑车吗?你会不带降落伞跳下飞机吗?

运动员在跳跃落地或急停和变向时受伤是很常见的，而运动员在向心产生爆发力和加速时很少受伤。考虑到这一点，教练必须注重增强运动员离心落地和产生缓冲力量的能力。在增强式训练中训练的肌肉离心力量（特别是动态离心力量）是肌肉骨骼制动系统。

除了减少运动损伤外，有效减速的能力可以让你在落地后产生更多的向心力量。在肌肉收缩的缓冲阶段，也就是从离心阶段过渡到向心阶段时，以稳定有力的姿势落地可以保护关节，并使你处于一个更好的发力位置来利用弹性能量向上产生爆发力。

你可以训练离心减速强度和适当的落地技巧，方法是首先执行以稳定性为重点的增强式训练，它强调“安全落地”和让关节处于适当的位置。一旦你有效减速的能力增强了，你就可以开始跳得更高，并可以通过动态增强式训练来增强弹性爆发力。

在减速过程中，适当的落地技巧可以确保脚、胫骨、股骨、骨盆和躯干处于合理的位置，从而在落地过程中，它们能够有效地分配地面的冲击力。在双侧落地姿势［见图4.1（a）］中，运动员应双脚落地，髌骨位于双脚前脚掌的正上方，躯干直立，骨盆位于中立位。

在单侧落地姿势［见图4.1（b）］中，踝、膝、髋关节在矢状面对位对线，头部处于中立位，这样地面的冲击力就可以通过骨骼有效地向上进行缓冲。

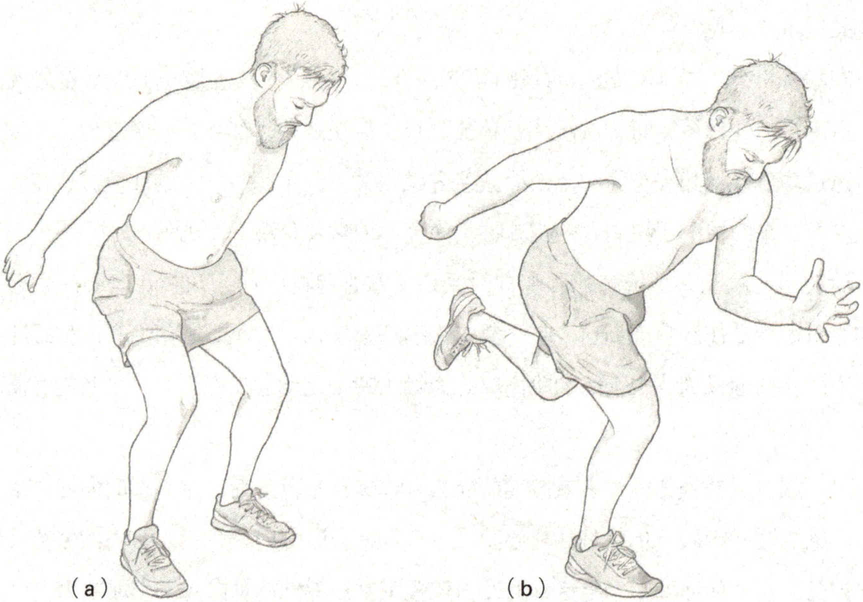

图4.1 合理的（a）双侧和（b）单侧落地技术

跨栏跳

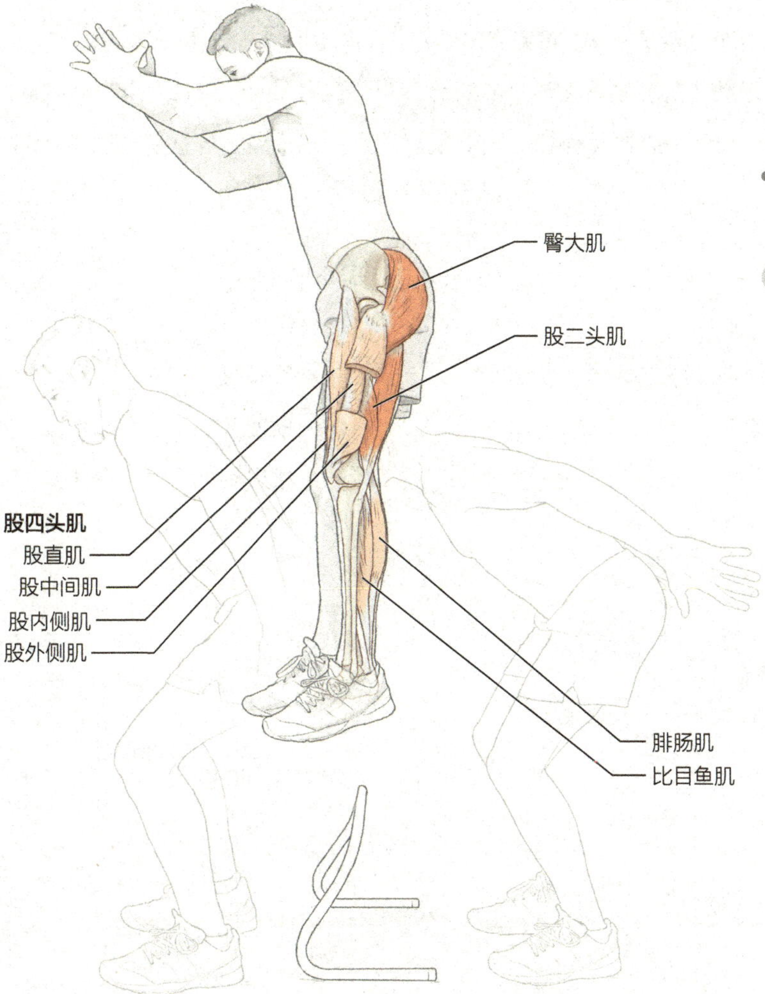
臀大肌
股二头肌
股四头肌
股直肌
股中间肌
股内侧肌
股外侧肌
腓肠肌
比目鱼肌

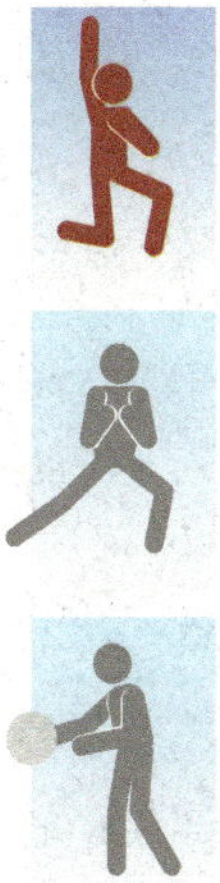

训练和练习步骤

1. 选择5个你可以轻松跳过的栏架，并将它们以90厘米的间隔距离排成一行。
2. 以运动姿势站立，双脚分开，双脚间距与肩同宽，双膝屈曲，双手分别放在髋关节的两侧。
3. 有力地伸展髋关节、膝关节和踝关节，摆动手臂，跳过一个栏架。
4. 以运动姿势轻轻落在该栏架的另一侧，双脚分开，双脚间距与肩同宽，双膝屈曲，双脚平放在地面上。保持该姿势2秒。按照设定的重复次数进行练习。

参与的肌肉

主要肌群

- 臀大肌
- 腘绳肌（股二头肌、半膜肌和半腱肌）

辅助肌群

- 比目鱼肌
- 腓肠肌
- 股四头肌（股直肌、股中间肌、股内侧肌、股外侧肌）

功能要点

跨栏跳是一种基本的爆发力练习，应该用于训练双侧的下肢力量和减速技巧。你可以将这个练习用作入门级的跳跃练习，以训练离心跳跃和落地技巧，然后进行单侧跳跃练习。

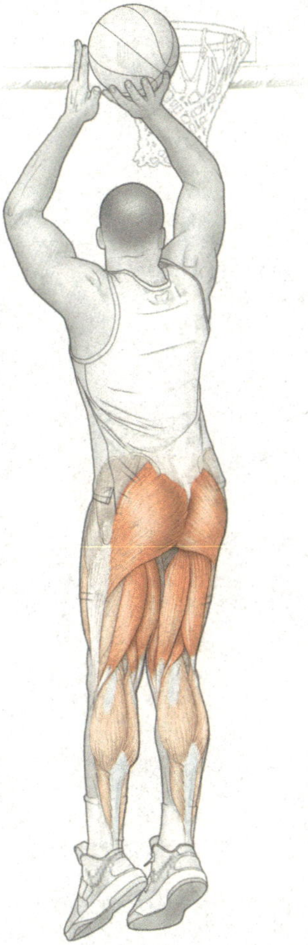

45度角交替换腿跳

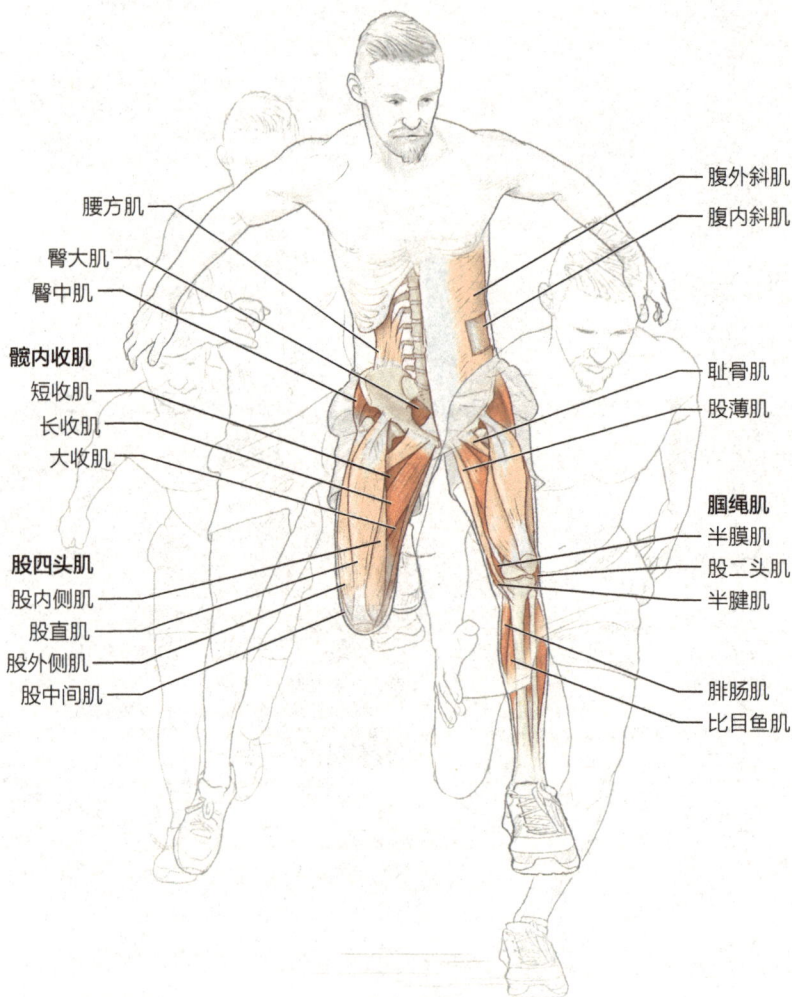

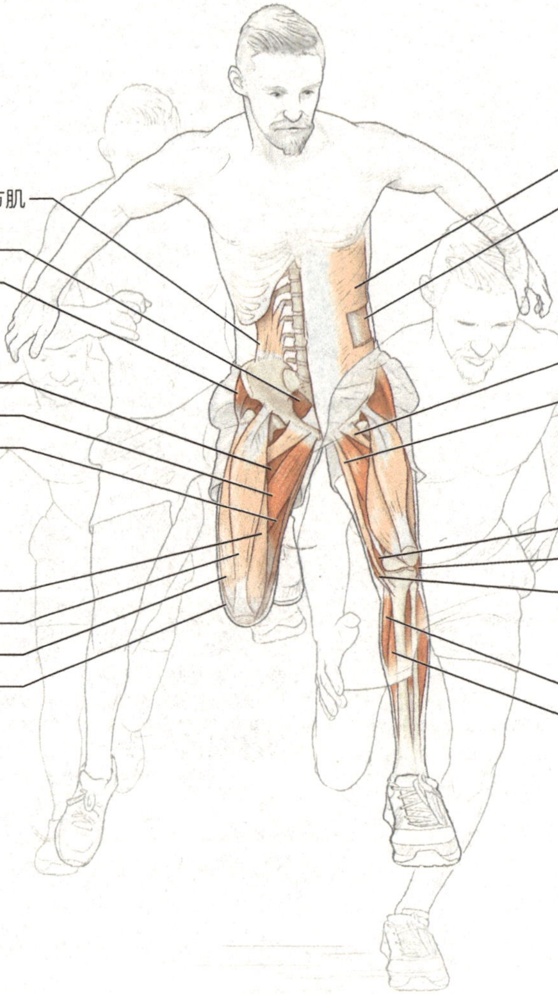
腰方肌
臀大肌
臀中肌
髋内收肌
短收肌
长收肌
大收肌
股四头肌
股内侧肌
股直肌
股外侧肌
股中间肌
腹外斜肌
腹内斜肌
耻骨肌
股薄肌
腘绳肌
半膜肌
股二头肌
半腱肌
腓肠肌
比目鱼肌

训练和练习步骤

1. 以单腿运动姿势开始，调整脚趾、脚、膝关节、臀部和头部的位置，使身体重心位于支撑腿上。
2. 与中线成45度角向前上方跳跃，然后用另一侧腿成45度角落地。
3. 用另一侧腿轻轻落地，保持开始时的运动姿势。落地后保持该姿势2秒。换另一侧腿重复该练习。

参与的肌肉

主要肌群

- 臀大肌
- 臀中肌
- 髋内收肌（短收肌、长收肌、大收肌）
- 比目鱼肌
- 腓肠肌
- 腘绳肌（半膜肌、股二头肌、半腱肌）

辅助肌群

- 腰方肌
- 腹内斜肌
- 腹外斜肌
- 股四头肌（股内侧肌、股直肌、股外侧肌、股中间肌）
- 耻骨肌
- 股薄肌

变化动作

侧向交替换腿跳

侧向交替换腿跳可以作为45度角交替换腿跳的退阶或简单版本，因为它仅要求运动员在额状面保持稳定，而不必在多个运动平面中减速。以单腿运动姿势开始，一侧腿离地。调整脚趾、脚、膝关节、臀部和头部的位置，使身体重心位于支撑腿上。横向跳起，然后用另一侧腿以与开始时相同的单腿运动姿势轻轻落地。落地后保持该姿势2秒。换另一侧腿重复该练习。

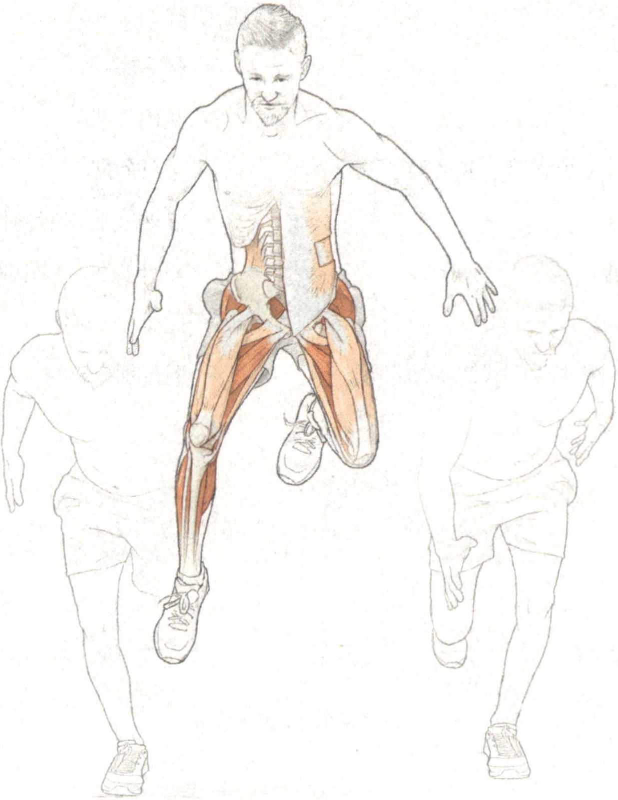

单腿跨栏跳

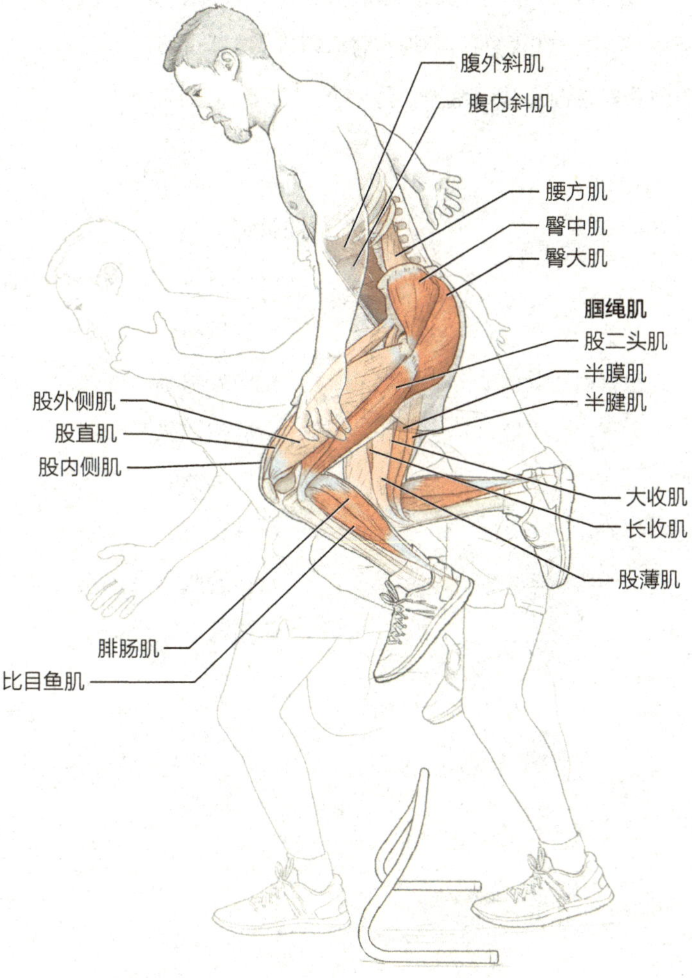
腹外斜肌
腹内斜肌
腰方肌
臀中肌
臀大肌
腘绳肌
股二头肌
半膜肌
半腱肌
股外侧肌
股直肌
股内侧肌
大收肌
长收肌
股薄肌
腓肠肌
比目鱼肌

训练和练习步骤

1. 选择5个你可以轻松跳过的栏架，并将它们以90厘米的间隔距离排成一行。在距离第一个栏架约30厘米处单腿站立。调整脚趾、脚、膝关节、臀部和头部的位置，使身体重心位于支撑腿上。
2. 有力地伸展支撑侧的髋关节、膝关节和踝关节，摆动手臂，跳过一个栏架。
3. 用同侧腿以与开始时相同的运动姿势轻轻落在该栏架的另一侧。
4. 在继续单腿跨栏跳前保持该落地姿势2秒。换另一侧腿重复该练习。

参与的肌肉

主要肌群

- 臀大肌
- 臀中肌
- 髋内收肌（短收肌、长收肌、大收肌）
- 比目鱼肌
- 腓肠肌
- 腘绳肌（股二头肌、半膜肌、半腱肌）

辅助肌群

- 腰方肌
- 腹内斜肌
- 腹外斜肌
- 股内侧肌
- 股外侧肌
- 股直肌
- 耻骨肌
- 股薄肌

功能要点

单腿跨栏跳是训练单侧下肢爆发力和减速技巧的练习，对于优化奔跑与急停和变向时单侧下肢产生爆发力的能力和离心落地技能，以减少下肢的非接触性损伤来说，这个练习非常有效。

爆发式登台阶

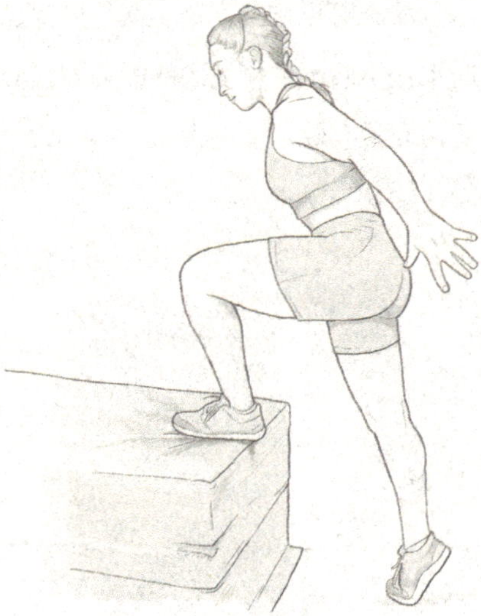

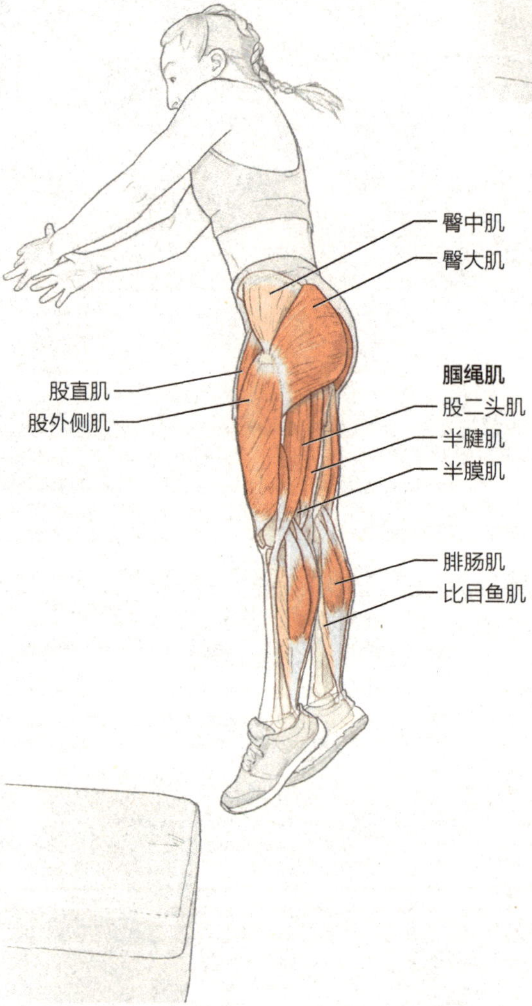

训练和练习步骤

1. 使用30~46厘米高的跳箱或一端靠墙的垫子，站在离跳箱或垫子15厘米处，一只脚放在跳箱或垫子上，另一只脚放在地上。
2. 用放在跳箱或垫子上的脚发力向上跳，充分伸展髋关节、膝关节和踝关节。
3. 在半空中，交换双腿的位置，这样你就可以让另一只脚踩在跳箱或垫子上。
4. 按照设定的重复次数进行连续交替的练习。

参与的肌肉

主要肌群

- 臀大肌
- 腘绳肌（股二头肌、半腱肌、半膜肌）
- 股四头肌（股直肌、股外侧肌、股内侧肌、股中间肌）
- 腓肠肌

辅助肌群

- 臀中肌
- 比目鱼肌

功能要点

爆发式登台阶是一种增强式训练，用于训练加速和冲刺时的爆发力。在这个训练中，双腿要想连续交替运动，需要具有高水平的力量和协调能力，因此它非常适合短跑运动员。

过顶投掷实心球

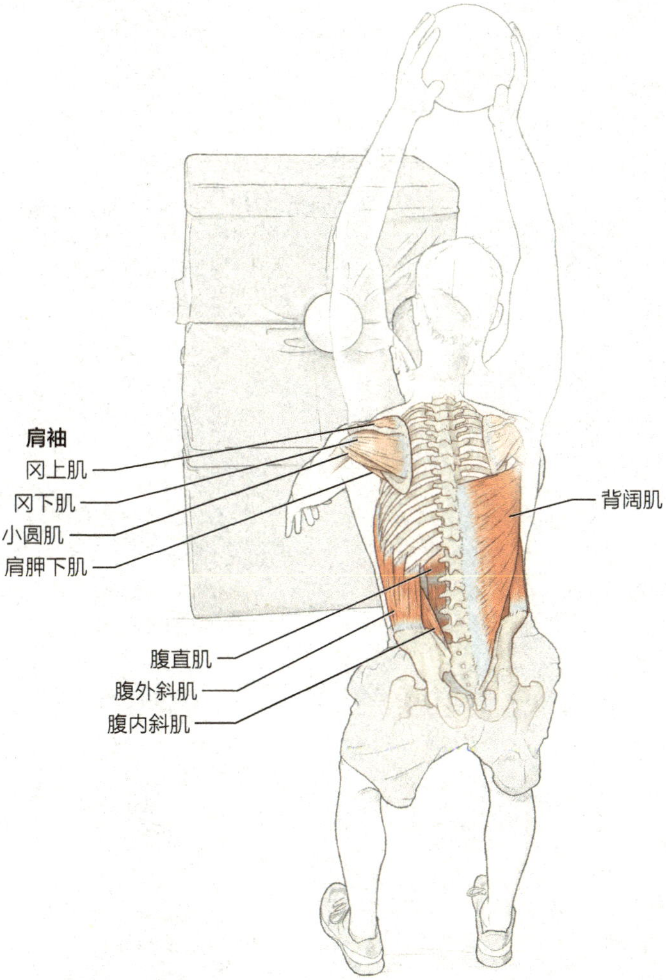
肩袖
冈上肌
冈下肌
小圆肌
肩胛下肌
背阔肌
腹直肌
腹外斜肌
腹内斜肌

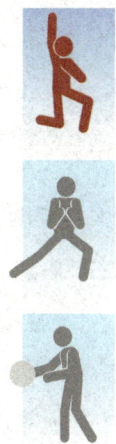

训练和练习步骤

1. 双脚分开站立，双脚间距与肩同宽，将一个2~4磅的实心球举过头顶。双脚前脚掌着地，将实心球举得尽可能高一点儿。
2. 迅速下压髋关节，双手尽可能快速地向前用力，在大约胸部高度将实心球扔向墙壁。

参与的肌肉

主要肌群

- 背阔肌
- 腹直肌
- 腹内斜肌
- 腹外斜肌

辅助肌群

- 肩袖（冈上肌、冈下肌、小圆肌、肩胛下肌）

功能要点

过顶投掷实心球的目的是增强前侧核心和上肢的综合投掷能力。运动员尽可能快地投掷实心球，可通过腹直肌和背阔肌来训练向心力量，同时可通过肩袖和肩胛骨周围的稳定肌来训练动态离心力量。

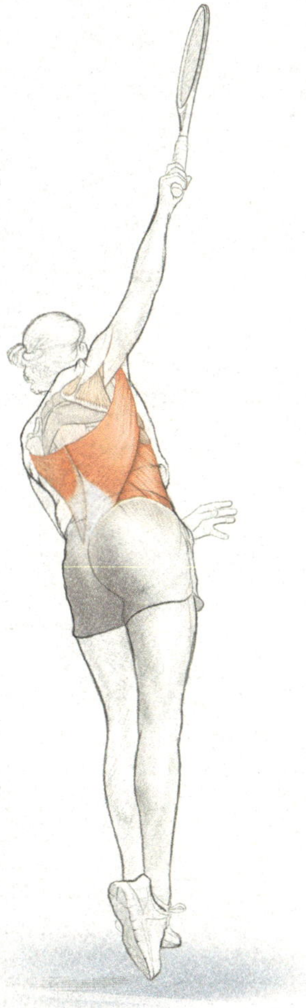

站姿侧抛实心球

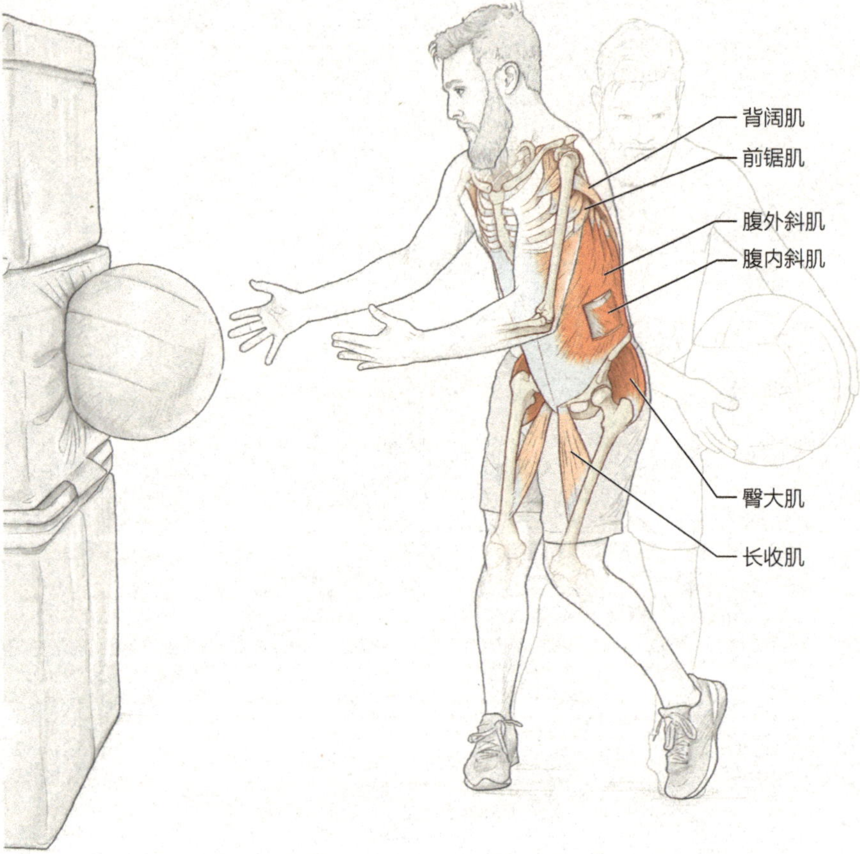

训练和练习步骤

1. 以运动姿势站在离墙壁或垫子大约90厘米处，侧对墙壁或垫子。
2. 双手紧握一个6~10磅的实心球，将其放在臀部远离墙壁或垫子的那一侧的前方。
3. 将髋关节和肩关节向墙壁或垫子旋转，然后在大约腰部的高度将实心球用力抛向墙壁或垫子。
4. 按照设定的重复次数进行练习，并在另一侧重复该练习。

参与的肌肉

主要肌群

- 腹外斜肌
- 腹内斜肌
- 臀大肌

辅助肌群

- 长收肌
- 前锯肌
- 背阔肌

功能要点

站姿侧抛实心球用于训练额状面和水平面的全身爆发力，这是一种非常有效的练习，可以教运动员如何产生力量并将力量从下肢传递到上肢，与之类似的动作有投掷、挥拍、扭转和击打。

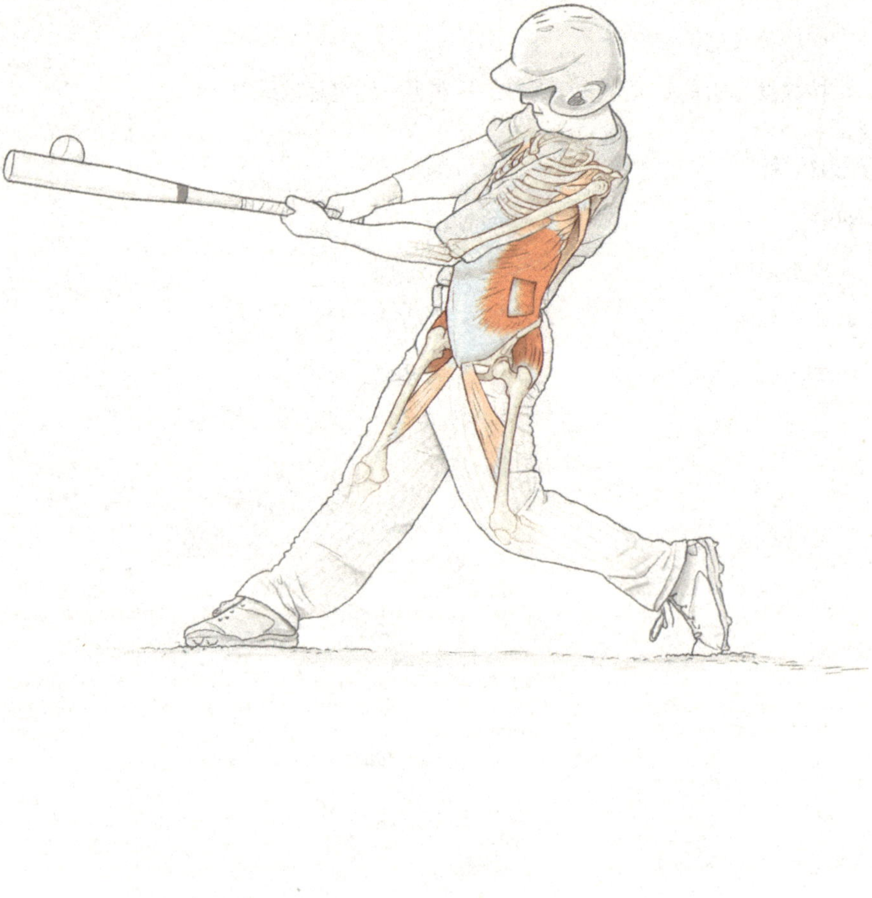

站姿胸前抛实心球

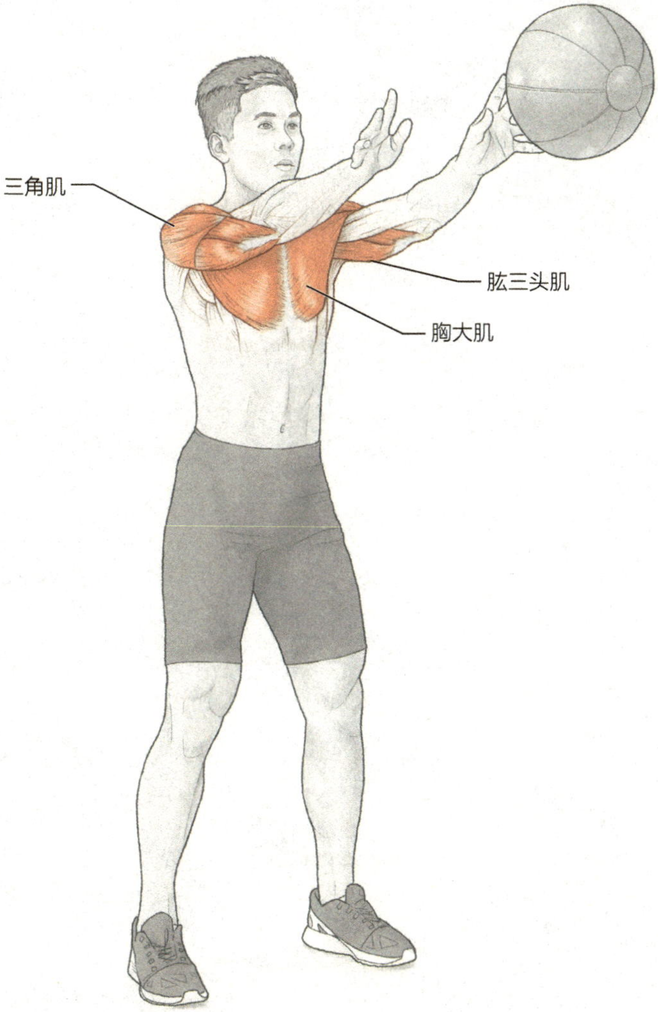

训练和练习步骤

1. 以运动姿势站在离墙壁约1.2米处，面向墙壁。
2. 双手在胸前紧握实心球，髋关节向远离墙壁的方向充分后顶。
3. 髋关节用力向前推，双手将实心球笔直地向前扔到墙壁上。
4. 按照设定的重复次数进行练习。

参与的肌肉

主要肌群

- 胸大肌
- 三角肌
- 肱三头肌

辅助肌群

- 冈下肌
- 小圆肌

变化动作

冲刺式胸前抛实心球

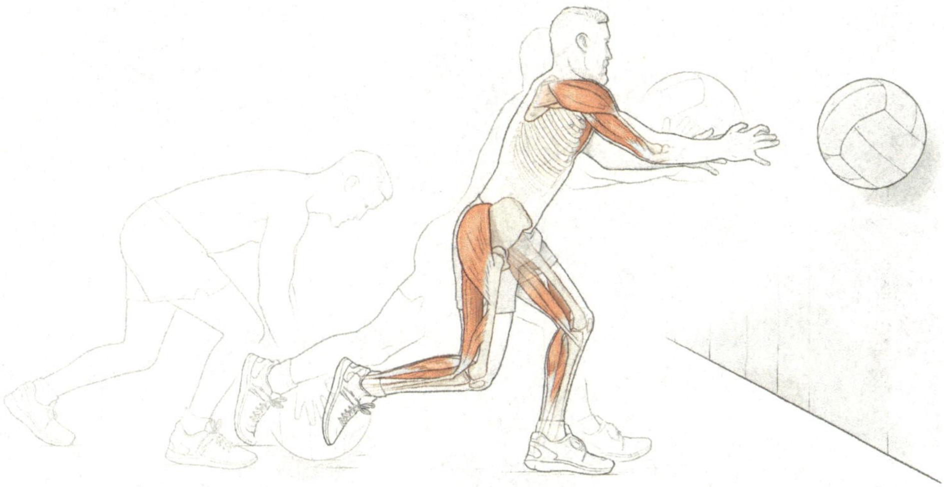

当能够熟练进行站姿胸前抛实心球练习后，你就可以将冲刺式胸前抛实习球作为进阶练习或更难的变化动作。这个练习用于训练全身的综合爆发力，教你如何有效地将力量从下肢传递到上肢，并进入加速冲刺模式。

面向墙壁，双脚分开，双脚间距与肩同宽，双脚前后站立，前脚脚跟位于后脚脚趾的前方。下蹲，双手放在身前的实心球上，将身体的大部分重量放在前腿上。用力向前推动身体，前腿主动发力，同时胸部和双臂用力，将实心球推向墙壁。

旋转单臂胸前抛实心球

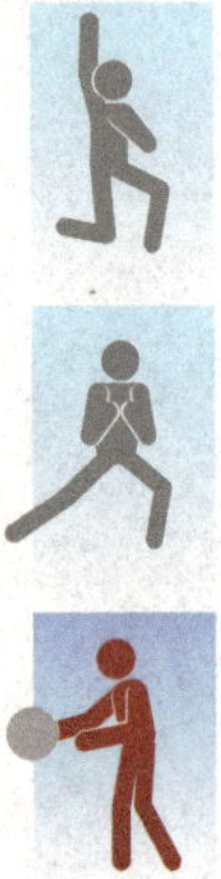

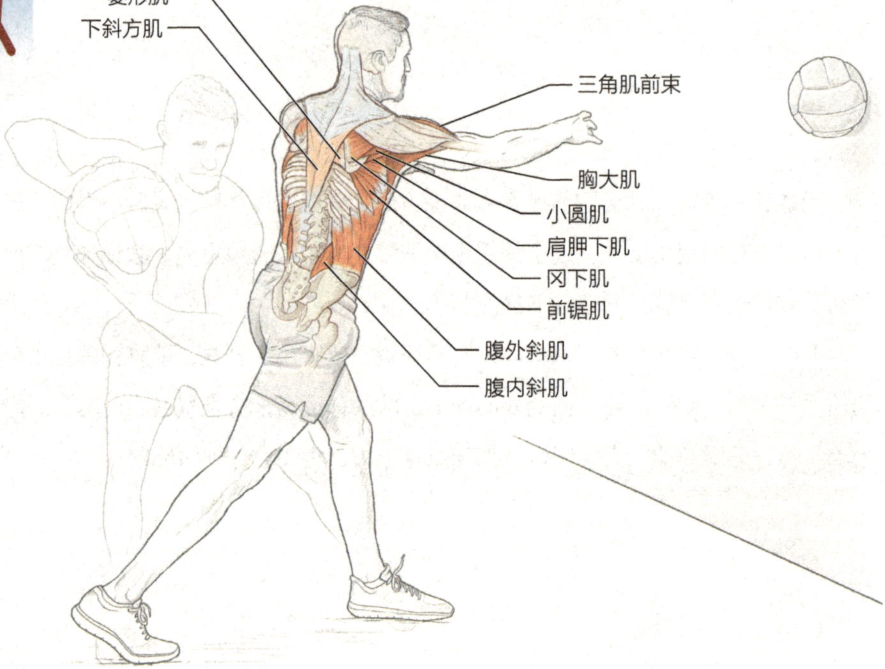
菱形肌
下斜方肌
三角肌前束
胸大肌
小圆肌
肩胛下肌
冈下肌
前锯肌
腹外斜肌
腹内斜肌

训练和练习步骤

1. 以运动姿势站在离墙壁约1.8米处，双脚分开，双脚间距与肩同宽，双膝屈曲，髋关节屈曲。双手将4磅的实心球置于远离墙壁侧的肩关节前，远离墙壁侧的手肘抬高，使该侧手臂与地面平行。
2. 用力旋转髋关节和躯干，用远离墙壁侧手的手掌把实心球抛向墙壁。
3. 按照设定的重复次数进行练习并连续交替进行该练习。

参与的肌肉

主要肌群

- 胸大肌
- 三角肌前束
- 前锯肌
- 肩袖（冈下肌、冈上肌、肩胛下肌、小圆肌）
- 腹内斜肌
- 腹外斜肌

辅助肌群

- 胸小肌
- 下斜方肌
- 菱形肌

功能要点

在投掷和格斗运动中，教练应该制定包含旋转单臂胸前抛实心球练习的功能性训练计划，以训练运动员上肢的旋转力量。这个练习可以教运动员如何在水平面产生力量，并将力量从臀部通过躯干有效传递到肩部。

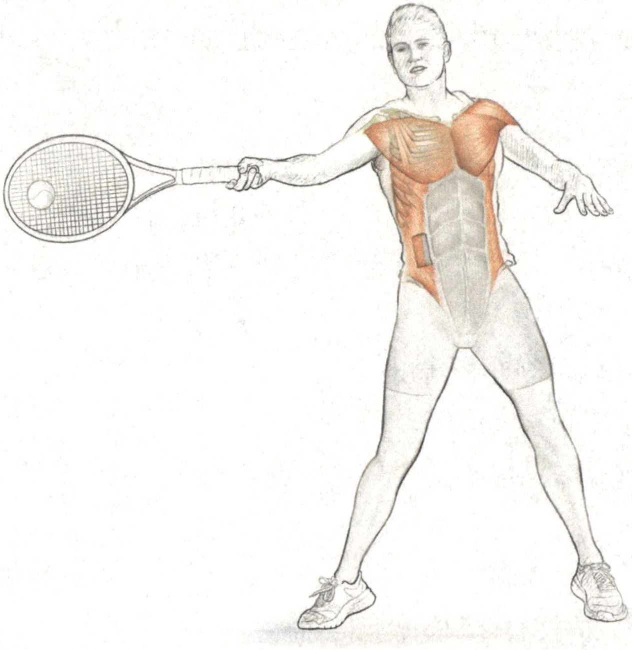

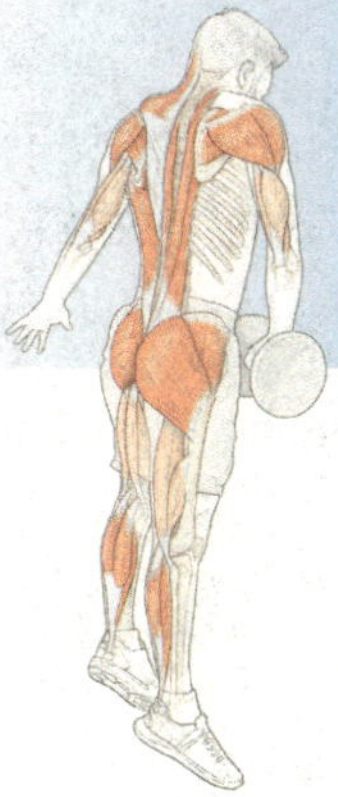

第5章

负重爆发力训练

作为一名竞技运动员，你应不断寻找增强爆发力的方法。整体爆发力的增强会使运动员跑得更快、跳得更高、击球更有力。你应该做一些高负荷、高速度的运动，这样做的目的是改善神经系统的激活强度，同时也可以增加快速收缩的Ⅱ型肌纤维的募集数量。

如果学习得当，奥林匹克举重项目，如杠铃高翻、高抓，以及壶铃摆动、哑铃抓举、推雪橇等其他练习，都是非常有价值的练习，这些练习可以训练爆发力，这些爆发力可直接用于竞技运动中的爆发式冲刺和跳跃。

力量生成速率

执行负重爆发力训练的最终目标是提高力量生成速率。你将训练以最快的速度移动最大的负荷，从而获得最大的爆发力输出。回到基础物理学，爆发力的公式如下。

爆发力=（力量 × 距离）÷ 时间

以最快的速度将最大重量的物体移动最远的距离，就会产生最大的爆发力输出。在选择合适的运动和重量时，请务必牢记此公式，以确保实现最大的爆发力输出。爆发力直接取决于负荷、速度和移动距离等变量。移动距离是固定变量，因为它取决于肢体长度和练习选择，而负荷和速度取决于重量选择和练习的执行。

你应该学会在负重爆发力训练中选择合适的负荷来增加输出的爆发力。进行这些练习的目的是以最快的速度移动器械，以提高神经系统的适应性和肌纤维的质量。在体育运动中，能产生最大爆发力的运动员往往是跳得最高、跑得最快的运动员。具体到进行负重爆发力训练时，你应该选择位于图5.1所示的速度-力曲线中间部分的练习。

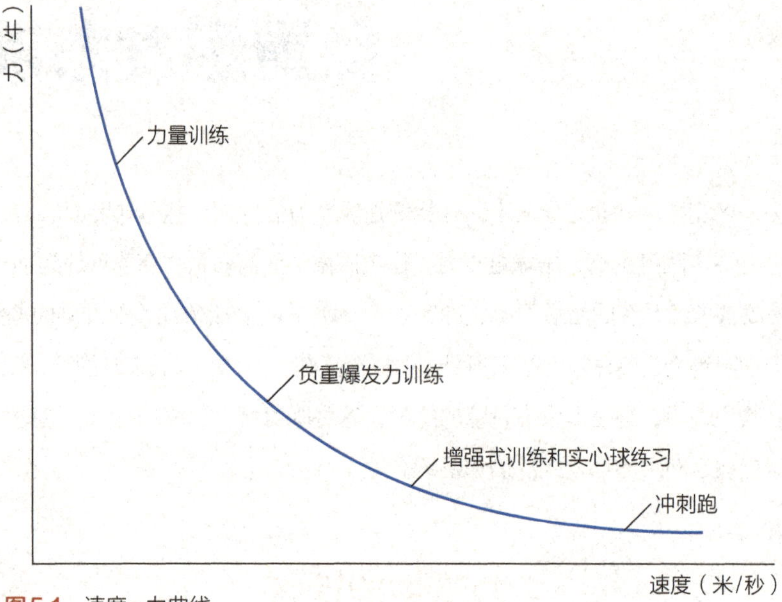

图5.1 速度-力曲线

纵轴表示力（负荷，单位为牛），横轴表示速度（单位为米/秒），你可以清楚地看到变量的不同组合可以产生不同的爆发力输出：以较慢的速度进行较大负荷的训练时会产生较大的力，峰值速度输出将发生在高速但负荷较低时。当你希望产生的爆发力达到峰值时，你必须平衡各个变量，选择适当的负荷，从而产生最大的爆发力输出。如图5.1所示，本章所述的练习位于曲线的中间部分。像冲刺跑、增强式训练和实心球练习这样的练习位于曲线的右侧，因为它们产生的移动速度较快，而本书后面提到的力量训练的练习位于曲线的左侧，因为它们产生的力量较大而速度较慢。

爆发力训练的中枢适应和外周适应

通过爆发力训练的实施，你可以在很大程度上改善肌肉与神经系统之间的协调性，从而让它们爆发性地发挥作用。从生理学上来讲，你可以通过两种不同的途径来提高爆发力输出。通过持续实施爆发力训练，你可以通过增加运动单元的募集数量及提高向运动肌释放动作电位的速率，来提高效率和中枢神经系统的输出。中枢神经系统输出的这些变化被称为中枢适应。

你也可以通过改变快肌纤维和慢肌纤维的比例来增强产生爆发力的能力，这些变化被称为外周适应。人体内有3种类型的肌纤维，它们分别为Ⅰ型氧化肌纤维、Ⅱa型氧化-糖酵解肌纤维和Ⅱb型三磷酸腺苷（adenosine triphosphate，ATP）-糖酵解肌纤维。这些肌纤维类型是根据它们的代谢功能和由此产生的收缩速度来区分的。

Ⅰ型氧化肌纤维高度依赖有氧代谢，因此其力量生成速度较低，但其抗疲劳能力较强。这些肌纤维主要用于日常生活中的活动和长距离耐力运动，如马拉松。

Ⅱa型氧化-糖酵解肌纤维既依赖氧化代谢，也依赖糖酵解代谢，这类肌纤维的力量生成速度相当高，并且它们耐疲劳。持续的爆发力活动，如400米和800米跑步或100米和200米游泳，高度依赖Ⅱa型氧化-糖酵解肌纤维。

Ⅱb型三磷酸腺苷-糖酵解肌纤维依赖于储存在肌肉局部的ATP和糖原，这类肌纤维由于依赖局部底物代谢，因此可以产生较高的收缩速度，但会很快疲劳。Ⅱb型三磷酸腺苷-糖酵解肌纤维主要用于所有运动中的短时间、爆发性的冲刺和跳跃。

适合每个运动员的肌纤维比例都不同，这取决于遗传基因。有些人生来就有更高比例的Ⅰ型肌纤维，而有些人生来就有更高比例的Ⅱ型肌纤维；前者更适合进行耐力运动，后者更适合进行爆发性的运动。

体能教练希望通过训练来改善运动员中枢（中枢神经系统输出）和外周（Ⅱb型三磷酸腺苷-糖酵解肌纤维增生）的力量表达机制。虽然这两个变量都高度依赖遗传基因，但它们仍然可以通过运动员系统地进行奥林匹克举重、壶铃摆动、哑铃抓举和推雪橇等负重爆发力训练而得到改善。

发展肌肉控制和抗冲击能力

爆发力训练为运动员提供了一个非常有价值但往往被忽视的益处，即增强了在动态负荷和冲击下的肌肉控制和抗冲击能力。与爆发力较小的运动员相比，爆发力较大的运动员具有很好的快速收缩肌肉的能力，同时也能更快地放松肌肉，这是一项与短跑、击打、投掷和挥杆相关的非常有价值的能力，因为将爆发力转化为流畅的运动结果在很大程度上取决于运动员在最初收缩肌肉后的肌肉放松能力。

此外，肌肉控制和抗冲击能力对于减少损伤特别有用。在对抗类运动项目中，抵抗冲击和承受冲击的能力取决于运动员神经系统的反应能力，即防止受到冲击的肌肉组织产生损伤的能力。在高翻、壶铃摆动、哑铃抓举之类的练习中，爆发性、有节奏的肌肉控制可以使运动员的肌肉控制和抗冲击能力得到更有效的发展。

选择合适的爆发力练习

尽管奥林匹克举重的变化动作是提高爆发力输出的非常有益的练习，但由于特定的运动、受伤史或训练时间安排，有些运动员可能不太适合进行这些练习。如果你正在处理腕关节、肩关节或背部的急性损伤或慢性损伤问题，那么你不应该进行奥林匹克举重练习，因为这些练习可能会加重这些关节的损伤。同样，棒球等投掷项目的运动员也应该避免进行奥林匹克举重练习，因为在这些练习中，其肩关节、肘关节和腕关节会承受持续的压力。最后，运动员通常需要经过学习才能做出正确的奥林匹克举重练习动作。对于训练时间有限的运动员来说，教练让其把时间投入能够更快掌握和实施的爆发力训练中可能更有效率。当运动员无法进行奥林匹克举重练习时，他们可以进行其他的爆发力练习，如壶铃摆动、哑铃抓举和推雪橇等练习，这些练习是增强爆发力的有效替代方法。

杠铃高翻

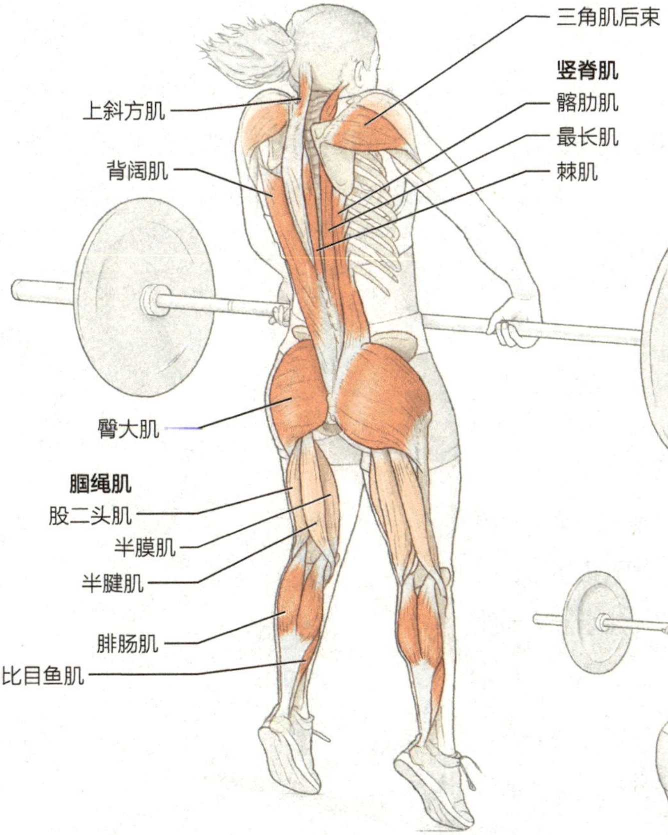
三角肌后束
竖脊肌
髂肋肌
最长肌
棘肌
上斜方肌
背阔肌
臀大肌
腘绳肌
股二头肌
半膜肌
半腱肌
腓肠肌
比目鱼肌

训练步骤

1. 身体呈站立姿势，双脚分开，双脚间距与髋同宽；双手抓握杠铃保持在髋关节前面，双手握距略比肩宽。
2. 肩关节向后收紧，腕关节屈曲，膝关节微微屈曲。使杠铃顺着大腿向下滑动，髋部后顶，直到杠铃低于膝关节，而胸部向前越过杠铃。
3. 让杠铃尽量靠近身体，突然向上跳跃式发力，耸肩并向上拉起杠铃。肘部向外并向上尽力提拉。当杠铃达到胸部高度时，积极下蹲，双手翻腕并在杠铃下方接住杠铃，肘部向前，并以1/4的前蹲姿势结束动作。
4. 将杠铃放回到起始位置，按照设定的重复次数进行练习。

参与的肌肉

主要肌群

- 上斜方肌
- 竖脊肌（髂肋肌、最长肌、棘肌）
- 背阔肌
- 臀大肌
- 比目鱼肌
- 腓肠肌
- 三角肌后束

辅助肌群

- 腘绳肌（股二头肌、半膜肌、半腱肌）
- 股四头肌（股直肌、股外侧肌、股内侧肌、股中间肌）

功能要点

在训练计划中加入奥林匹克举重练习的目的是训练全身的爆发力。增强纵跳能力的关键因素是增强快速生成高水平垂直力的能力。杠铃高翻和杠铃高抓可以训练在垂直方向蹬伸时所用的肌肉和动作模式，因此成为改善纵跳能力的绝佳练习选择。

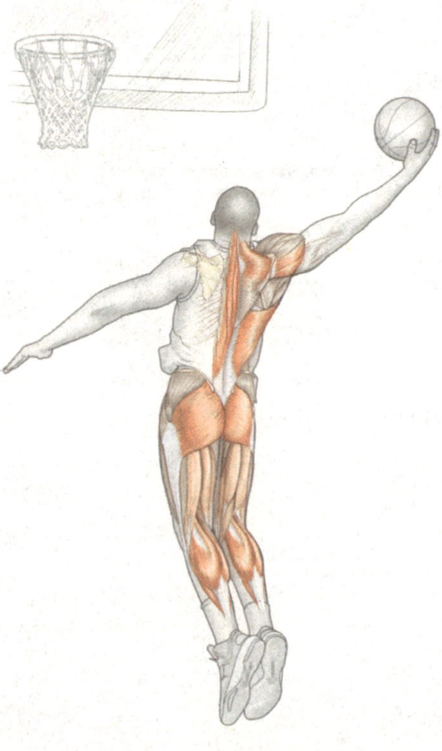

变化动作

杠铃高抓

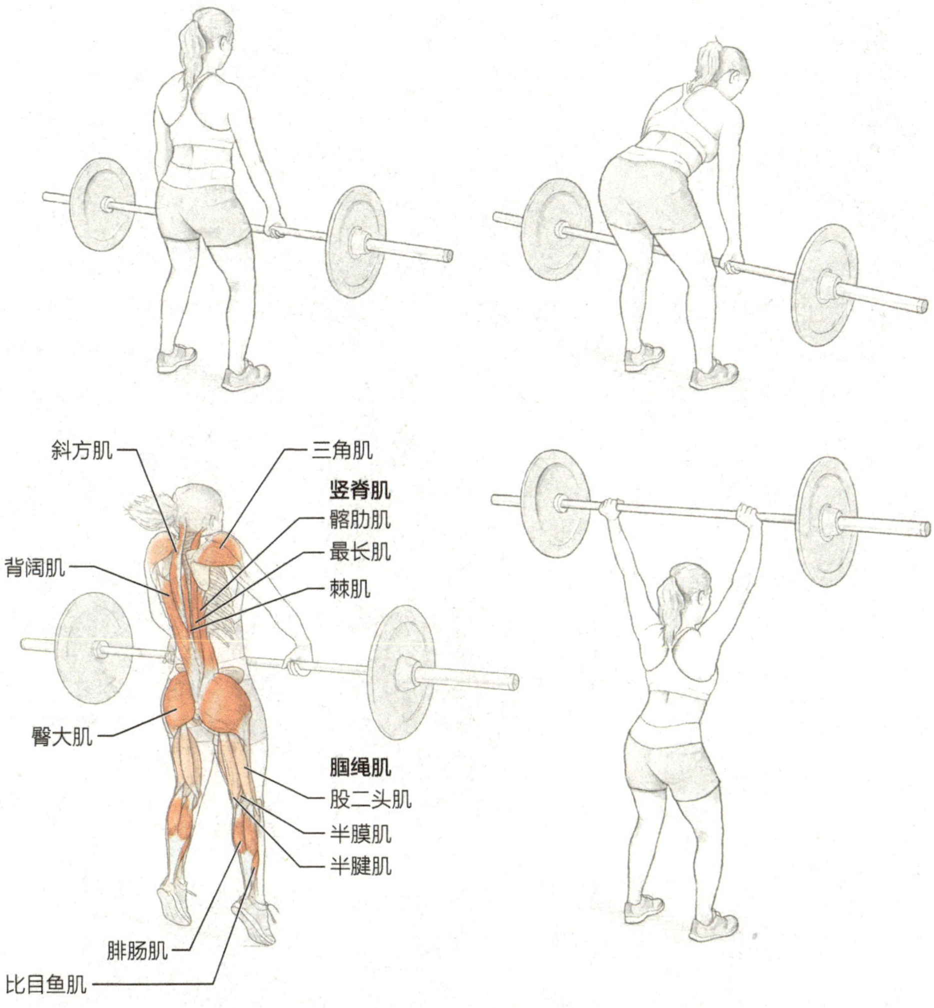

身体呈站立姿势，双脚分开，双脚间距与髋同宽；将杠铃放在大腿前面，双手握距与肩同宽。肩关节向后收紧，腕关节屈曲，膝关节微微屈曲。使杠铃顺着大腿向下滑动，髋部后顶，直到杠铃低于膝关节，而胸部越过杠铃。让杠铃尽量靠近身体，突然向上跳跃式发力，耸肩并向上推举杠铃，使它越过头顶。抬高肘部，以1/4的过顶深蹲姿势完成动作。将杠铃放回到初始位置，然后按照设定的重复次数进行练习。

壶铃摆动

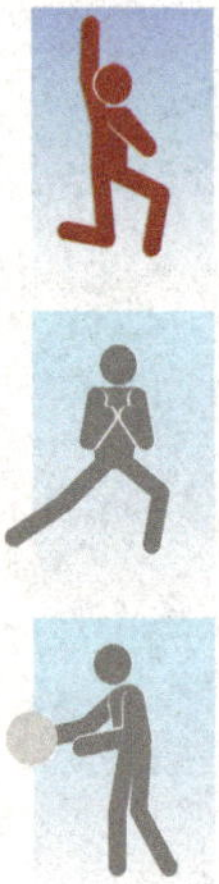

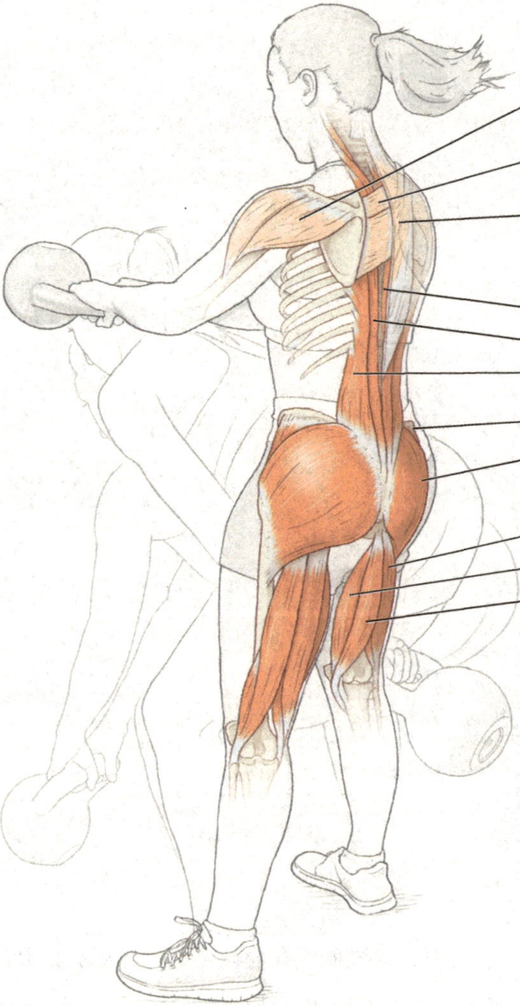
三角肌
菱形肌
中斜方肌
竖脊肌
棘肌
最长肌
髂肋肌
臀中肌
臀大肌
腘绳肌
股二头肌
半膜肌
半腱肌

训练步骤

1. 站在离壶铃后面大约90厘米处。髋关节铰链向下移动，屈曲双膝并向后推动髋关节。肩关节应该位于略高于髋关节的位置。
2. 双臂向前伸直，双手抓住壶铃。在保持脊柱中立的同时，让壶铃从髋关节向臀部移动。
3. 用力伸展髋关节，双膝伸直，肩关节向上屈曲，让壶铃向反方向移动。
4. 当双臂到达胸部高度且与地面平行时，停止运动。反转动作，壶铃向下有控制地回落，并向臀部移动。再次开始循环，按照设定的重复次数进行练习。

参与的肌肉

主要肌群

- 臀大肌
- 臀中肌
- 腘绳肌（股二头肌、半膜肌、半腱肌）
- 竖脊肌（棘肌、最长肌、髂肋肌）

辅助肌群

- 菱形肌
- 中斜方肌
- 三角肌

功能要点

壶铃摆动是一种非常有效的练习，可增强如棒球、网球和高尔夫球等运动所需要的爆发性的髋关节伸展能力。在所有这些旋转爆发力运动中，运动员被迫在撞击点前快速地将骨盆从前倾旋转为后倾，以有力地伸展髋关节，并将下肢产生的力量用于摆动动作。壶铃摆动练习可以帮助运动员增强髋关节和骨盆的爆发力，从而产生高水平的旋转爆发力。

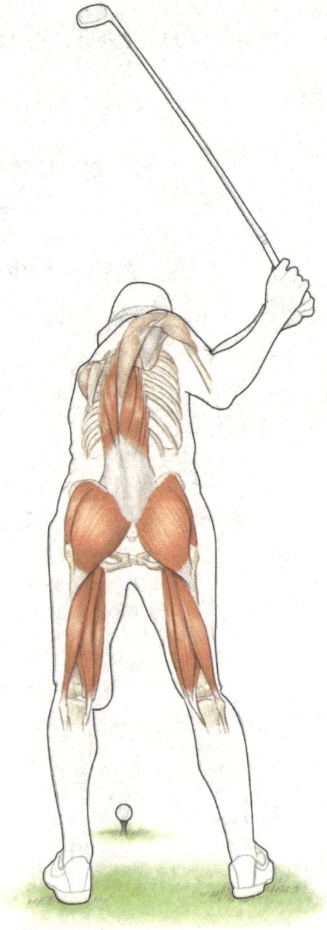

哑铃抓举

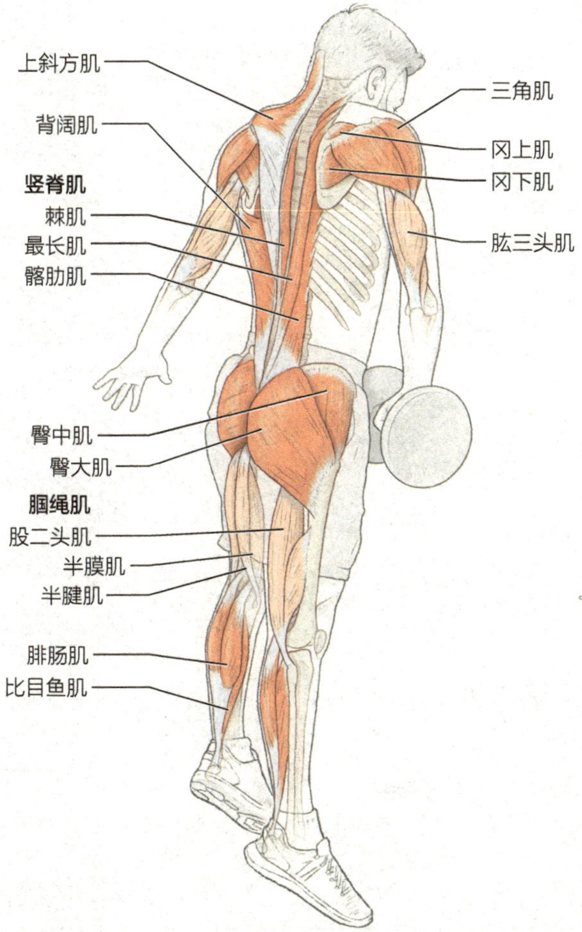
上斜方肌
背阔肌
竖脊肌
棘肌
最长肌
髂肋肌
臀中肌
臀大肌
腘绳肌
股二头肌
半膜肌
半腱肌
腓肠肌
比目鱼肌
三角肌
冈上肌
冈下肌
肱三头肌

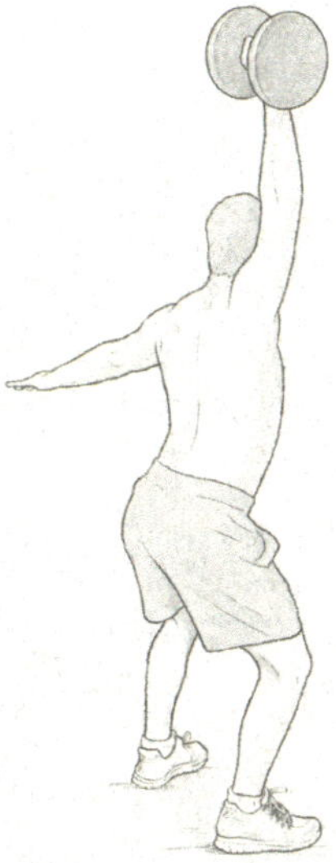

训练步骤

1. 身体呈运动姿势站立，双脚分开，双脚间距与肩同宽，双膝略微屈曲。用一只手握住哑铃，并将其置于身体前方的双膝之间，掌心朝向身体。
2. 让哑铃尽量靠近身体，向上跳跃式发力，耸肩并用力向上拉动哑铃。
3. 最后，手肘和手腕伸直，将哑铃举在头顶上方，此时下肢应为1/4下蹲姿势。

参与的肌肉

主要肌群

- 臀中肌
- 臀大肌
- 竖脊肌（棘肌、最长肌、髂肋肌）
- 腓肠肌
- 比目鱼肌
- 三角肌
- 上斜方肌
- 冈下肌
- 冈上肌
- 背阔肌

辅助肌群

- 肱三头肌
- 腘绳肌（股二头肌、半膜肌、半腱肌）

功能要点

对于青少年运动员或训练时间较短的运动员来说，哑铃抓举是一种非常有效的训练全身爆发力的练习。哑铃抓举上手很快，对设备的要求也很低，因为它只要求运动员使用哑铃。哑铃抓举可训练运动员的全身爆发力，还可训练运动员通过髋关节、膝关节和踝关节进行三重伸展，并在将哑铃推过头顶时将力量一直向上传递至背部和肩关节。哑铃抓举的另一个好处是，动作结束被迫降低哑铃的速度时，该练习会训练肩带肌肉组织的动态稳定性。

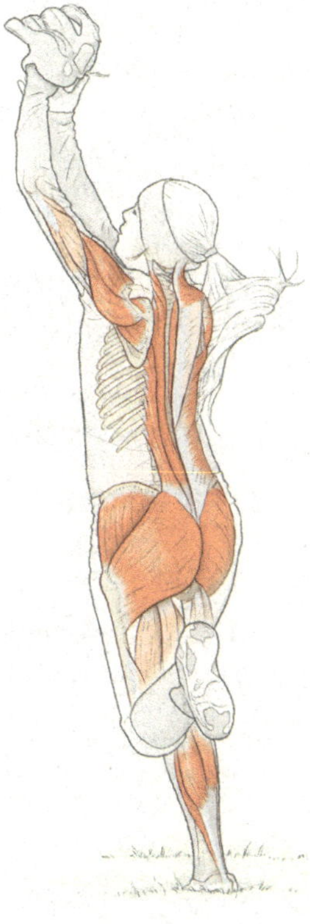

推雪橇

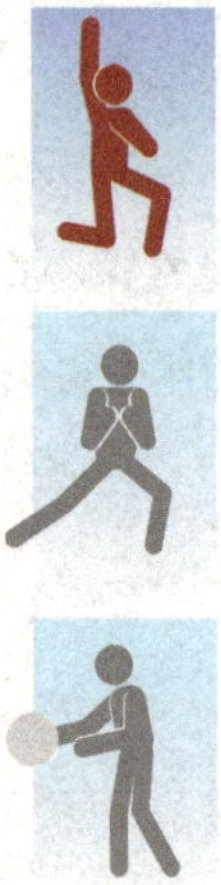

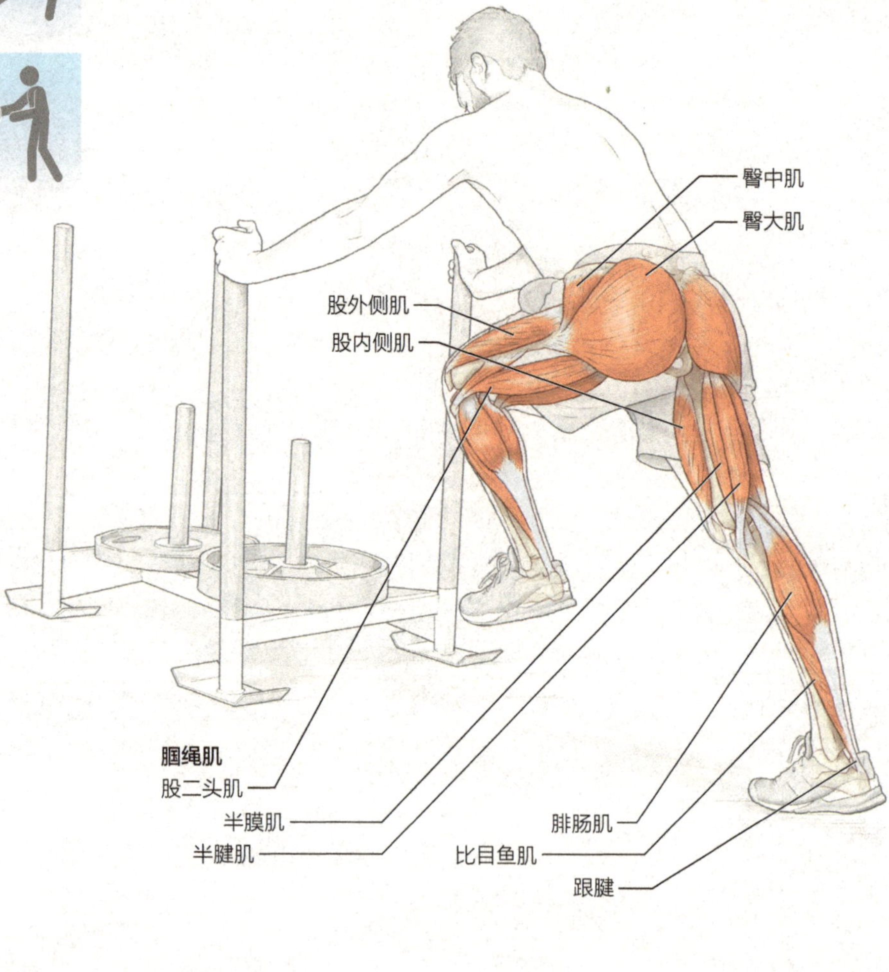
臀中肌
臀大肌
股外侧肌
股内侧肌
腘绳肌
股二头肌
半膜肌
半腱肌
腓肠肌
比目鱼肌
跟腱

训练步骤

1. 在雪橇上装载一定的重量，这样你就能够舒适、稳定地持续推动雪橇。双手放在雪橇手柄的顶部，双臂伸直，身体与地面成45度角。
2. 将抬起腿的膝关节抬高并超过髋关节的高度，后侧脚用力蹬地，向前推动雪橇。保持发力脚踝关节主动背屈并保持连续的行进节奏，直到完成设定的距离。

参与的肌肉

主要肌群

- 臀大肌
- 臀中肌
- 股直肌
- 股内侧肌
- 股外侧肌
- 腘绳肌（股二头肌、半膜肌、半腱肌）
- 腓肠肌
- 比目鱼肌

辅助肌群

- 大收肌
- 蹞短屈肌
- 趾短屈肌
- 跟腱

功能要点

运动员在短跑加速阶段的动作类似于活塞的动态动作，运动员需要将力量从臀部传递到腘绳肌，再传递到小腿和脚。虽然传统在力量房进行的练习可以训练基础力量和爆发力，但推雪橇练习的特殊模式可以帮助运动员为在比赛场地上的冲刺表现提供高水平的转化能力。冲刺表现在很大程度上取决于臀肌和腘绳肌快速收缩引起的髋关节伸展能力以及腓肠肌和比目鱼肌快速收缩引起的踝关节蹬伸能力，所有这些肌肉和能力都可以在推雪橇练习中直接得到训练。

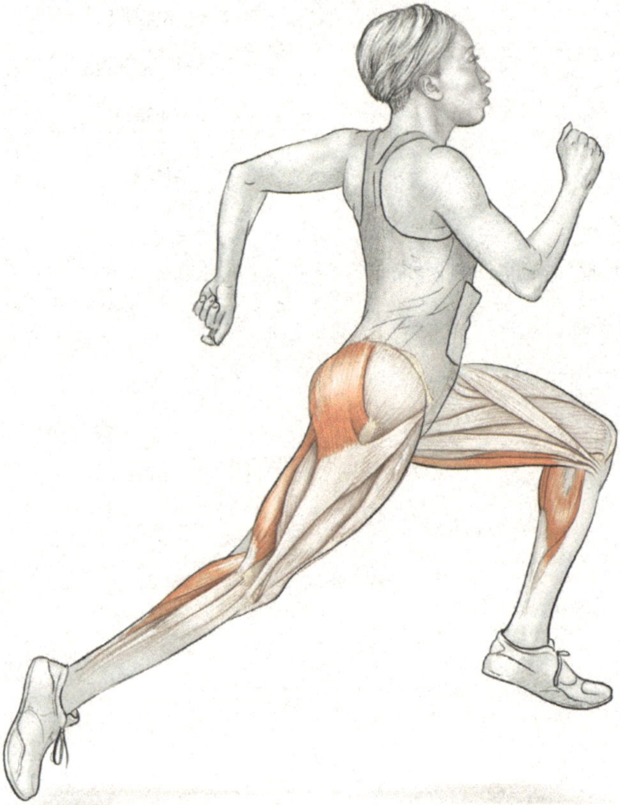

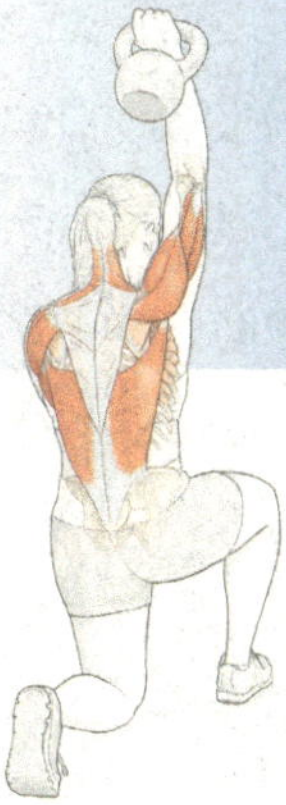

第6章

上肢力量训练

上肢力量的发展，特别是肩带周围的肌肉力量的发展，对于优化运动表现和减少运动损伤极其重要。传统的健美式训练出于审美方面的考虑，过分强调肌肉肥大和单关节运动。此方法虽然适用于健美运动，但它不能很好地转化为优化运动员在竞技场上的功能性运动表现的方法。

在设计训练上肢力量和爆发力的功能性训练计划时，应考虑从胸腔到肩胛、肩关节和肩胛胸廓关节的所有肌肉的功能。要想肩关节复合体具备很好的灵活性，就需要在投掷、击打、摆动、推和拉等上肢动态运动中，其周围所有肌肉组织起到复杂的共同激活作用，以取得安全、有效和协调的结果。图6.1所示的肩袖（冈下肌、冈上肌、肩胛下肌、小圆肌）和肩胛骨周围的稳定肌对在运动中稳定肱骨和肩胛骨至关重要。

几乎所有的竞技运动都需要进行大量的动态动作，这些动作会对上肢的骨骼产生压力。挥动网球拍、投掷棒球、拦截对手以及应对冲击，这些动作都需要肩关节和肩胛胸廓关节具有很高的灵活性和稳定性。

投掷棒球的动作可能需要肱骨以高达7500度/秒的角速度旋转，同时需要进行大量的外旋动作。为了在投掷后有效地降低肩关节的速度，肩关节后侧的肌肉组织（见图6.1）需要具有强大的离心力量，特别是背阔肌、冈下肌、小圆肌、菱形肌和下斜方肌。像本章后面介绍的哑铃划船这样的拉动练习，对于训练完成投掷动作和维持肩关节的健康所必需的后侧稳定肌尤其有效。

要想有力地击打对手或在网球运动中用力地挥拍，肩胛骨前伸肌以及肱骨屈肌和外展肌需要具有强大的力量。本章后面介绍的俯卧撑和上斜哑铃卧推之类的练习，对于增强前锯肌、三角肌前束、胸大肌和肱三头肌的力量，从而增强击打和挥拍的能力非常有效。

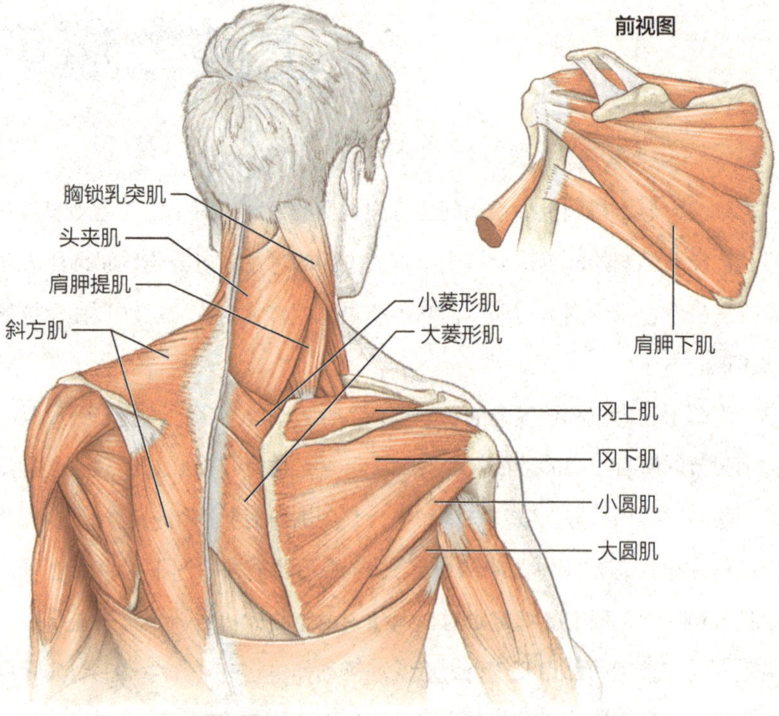

图6.1 肩袖和肩胛骨周围的稳定肌。这些肌肉的功能对于维持投掷类和对抗类项目运动员的肩关节的健康及改善其运动表现至关重要

针对肩关节损伤预防的计划设计

受健美和举重的影响，许多传统的训练计划偏重于俯卧撑和卧推等上肢推的练习，而较少强调引体向上和划船等上肢拉的练习，但这是错误的，会让运动员面临上肢受伤的风险。均衡的功能性训练计划应该通过投入相同的时间进行垂直、水平的上肢推和上肢拉的练习来训练肩关节周围的所有肌肉。

为了保证功能性训练计划的均衡，我们可以将上肢力量练习分为四大类。

1. **水平方向推**：俯卧撑、杠铃卧推、上斜哑铃卧推。
2. **垂直方向推**：单腿跪姿交替壶铃推举。
3. **水平方向拉**：哑铃划船。
4. **垂直方向拉**：反手引体向上、正手引体向上。

俯卧撑

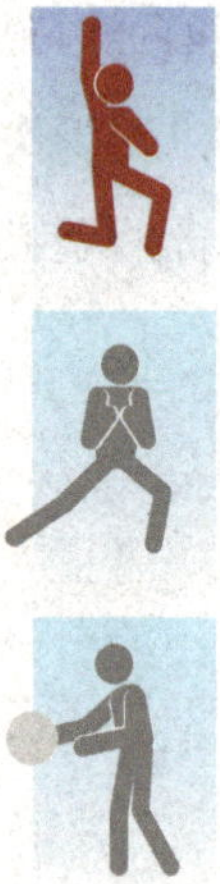

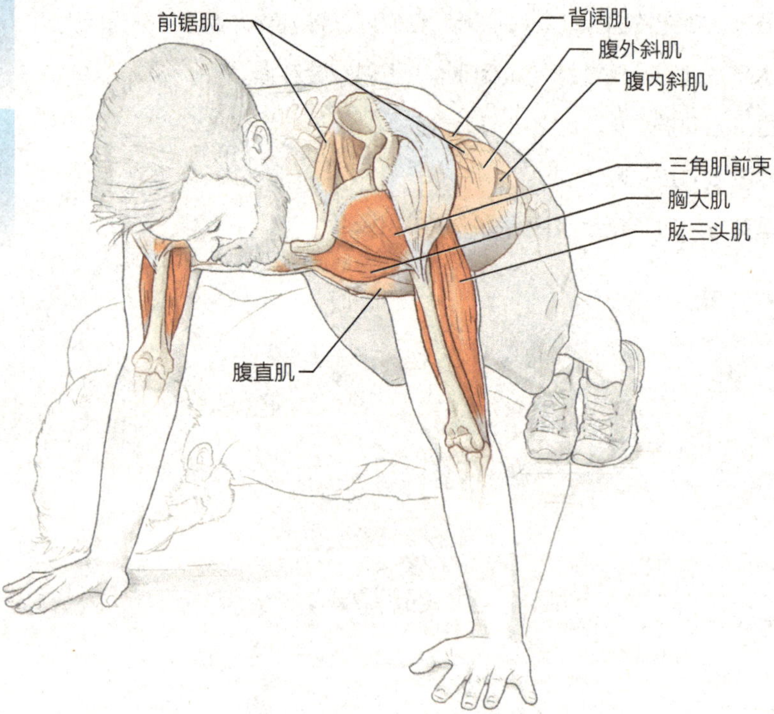
前锯肌
背阔肌
腹外斜肌
腹内斜肌
三角肌前束
胸大肌
肱三头肌
腹直肌

训练步骤

1. 以俯撑姿势开始，双脚并拢，双手撑地，双手间距比肩略宽。头部、胸椎和骶骨在同一条直线上。
2. 身体慢慢地向地面靠近，直到离地面大约7.6厘米为止。当身体处于最低处时，上臂应从身体中线向外外展约45度。
3. 在保持躯干笔直的同时，用力将身体向上撑起。当身体到达最高处时，双手稳固地支撑在身体两侧，按照设定的重复次数进行练习。

参与的肌肉

主要肌群

- 胸大肌
- 肱三头肌
- 三角肌前束

辅助肌群

- 冈下肌
- 小圆肌
- 背阔肌
- 前锯肌
- 腹直肌
- 腹内斜肌和腹外斜肌

功能要点

俯卧撑可以直接训练到挥动、击打和投掷时用来产生爆发力的肌肉。俯卧撑的运动模式是闭合链性质的，因此它允许肩胛骨自由运动，而这是杠铃卧推所不能实现的，因为在杠铃卧推中，肩胛骨被固定在卧推凳上。除了胸大肌、三角肌前束、背阔肌和肱三头肌等原动肌外，这种运动模式还可以训练前锯肌、冈下肌和小圆肌等肩关节和肩胛骨周围的稳定肌。

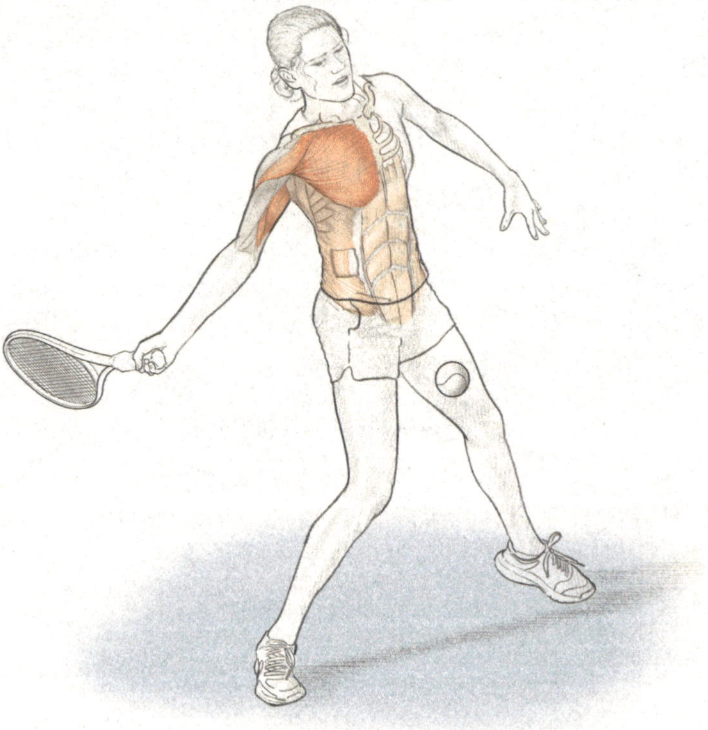

单腿跪姿交替壶铃推举

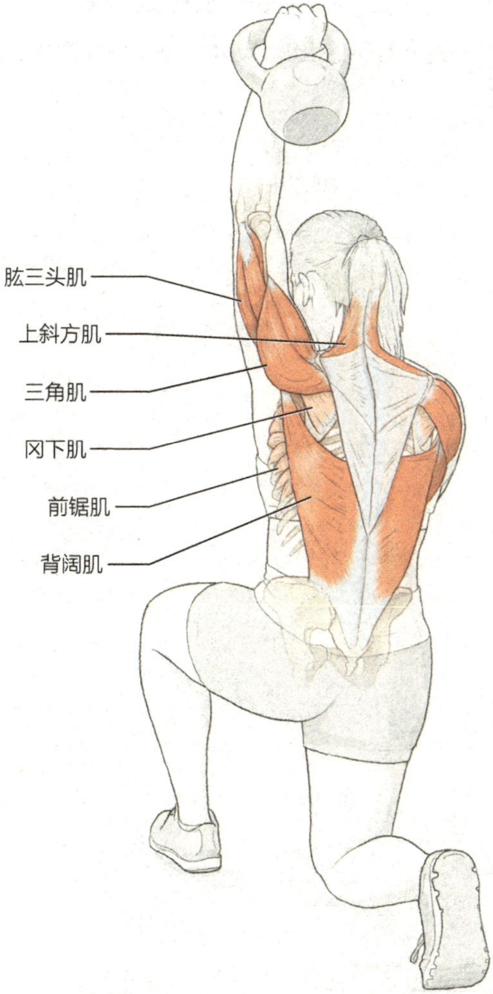
肱三头肌
上斜方肌
三角肌
冈下肌
前锯肌
背阔肌

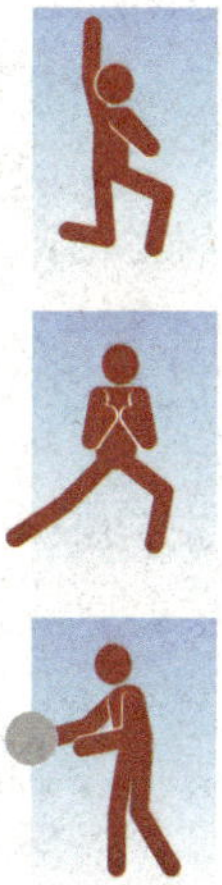

训练步骤

1. 以单腿跪姿开始，后脚踝关节背屈，壶铃放在胸前。
2. 保持躯干稳定，一只手持壶铃并将其举过头顶，到达最高点时该手臂保持稳定。
3. 缓慢将壶铃放至起始位置，用另一只手重复上述动作。继续交替练习，直到完成设定的重复次数。在随后的每一组练习中，交替单腿跪姿的前后支撑腿。

参与的肌肉

主要肌群

- 三角肌
- 上斜方肌
- 肱三头肌
- 背阔肌

辅助肌群

- 冈下肌
- 肩胛下肌
- 前锯肌

功能要点

单腿跪姿交替壶铃推举可训练三角肌、肱三头肌、背阔肌、上斜方肌、冈下肌、前锯肌和肩胛下肌。这些肌肉对于产生垂直方向的力量尤其重要，例如，在篮球和排球等运动中，运动员经常会击球、发球或将球举过头顶。在头顶部训练这些肌肉，不仅会增强这些专项动作所需的力量，还可以提高肩关节的稳定性。

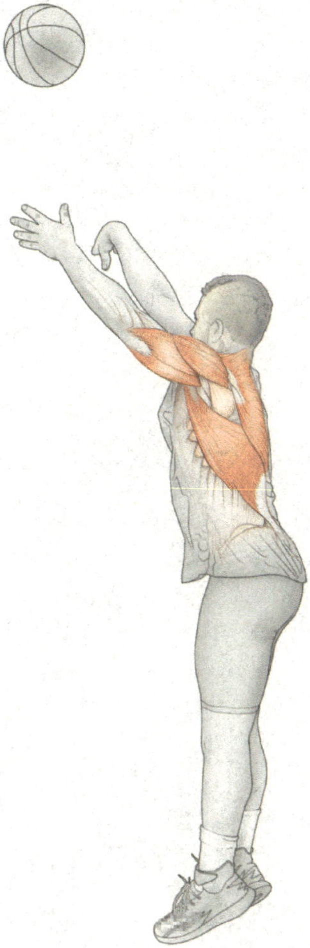

杠铃卧推

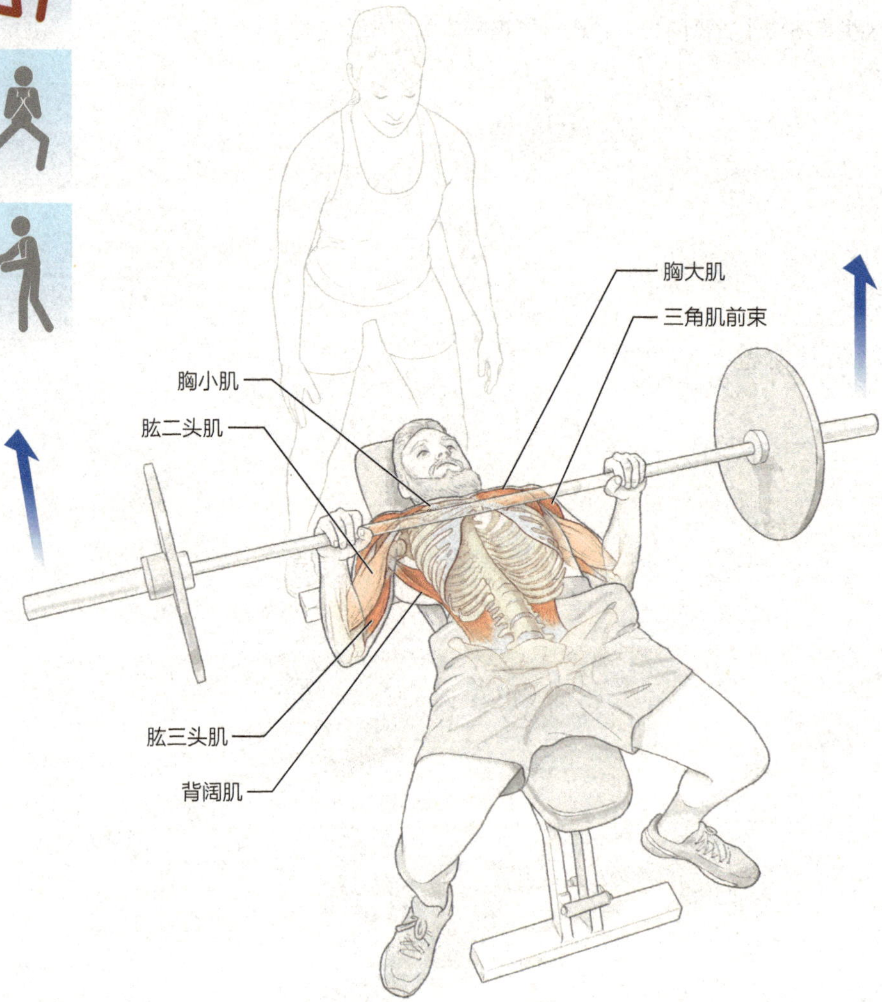

训练步骤

1. 仰卧在卧推凳上，双脚平放在地面上。双手紧握杠铃，双手握距比肩略宽，把杠铃从架子上举起，并让杠铃处于肩关节的正上方。
2. 双手紧握杠铃，肩关节积极外旋，从而利用肩带产生张力。慢慢地降低杠铃，直到杠铃接触到胸部的最高点。
3. 用力将杠铃推起，到达最高点时双臂保持稳定。按照设定的重复次数进行练习，练习结束后将杠铃安全地放回架子上。

参与的肌肉

主要肌群

- 胸大肌
- 三角肌前束
- 肱三头肌
- 背阔肌

辅助肌群

- 胸小肌
- 肱二头肌

功能要点

杠铃卧推是训练上肢肌肉的一种有效练习，该练习有助于运动员在冰球和足球等对抗类运动中保护自己的身体。此外，杠铃卧推可以训练在对抗类运动中用来启动接触的肌肉。在这类比赛中，运动员阻止另一名运动员进入禁区或在争球线处阻挡对手进攻，都需要使用胸肌、三角肌和肱三头肌产生强大的力量。

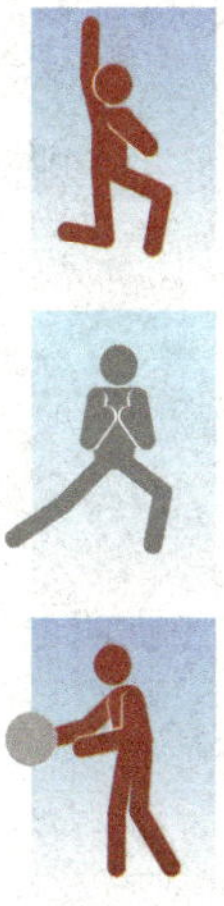

上斜哑铃卧推

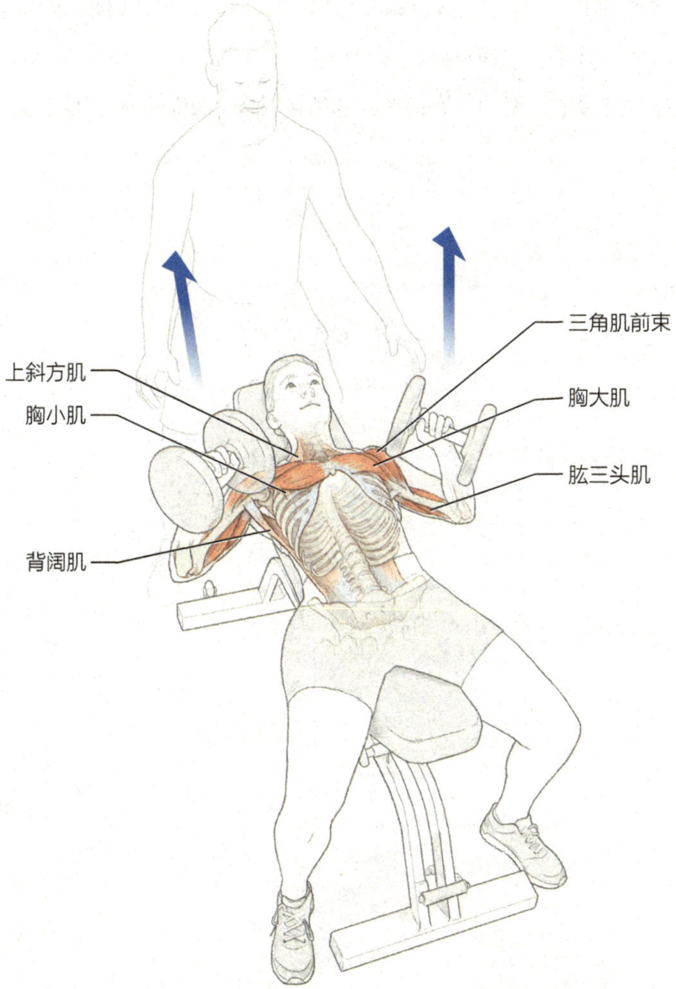
三角肌前束
上斜方肌
胸大肌
胸小肌
肱三头肌
背阔肌

训练步骤

1. 躺在一个大约倾斜20度的卧推凳上。在整个练习过程中，双脚要平放在地面上。双手各握一个哑铃，将哑铃举过头顶，放在肩关节的正上方，双肘伸直。
2. 将哑铃降低到肩关节的外侧，直到它到达胸部上方大约15厘米的位置。向上推举哑铃，直到双臂完全伸直。
3. 在整个练习过程中，请确保臀部始终靠着卧推凳、双脚平放在地面上。

参与的肌肉

主要肌群

- 三角肌前束
- 胸大肌
- 肱三头肌

辅助肌群

- 胸小肌
- 背阔肌
- 上斜方肌

功能要点

上斜哑铃卧推用于训练上胸部、肩关节和手臂的力量及爆发力。在曲棍球、足球、冰球、篮球和拳击等对抗类运动中，这些部位产生的力量能够很好地转化为爆发力。能否成功地阻挡对手在很大程度上取决于运动员的上肢力量。

反手引体向上

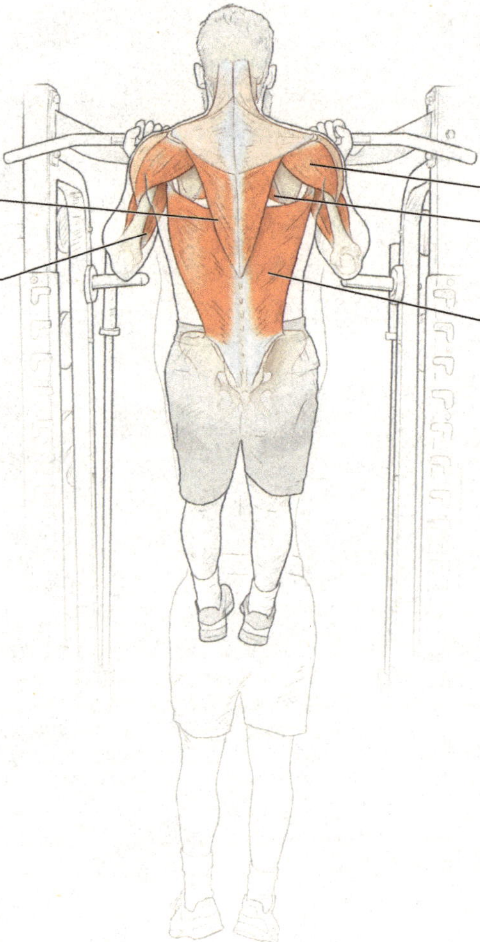

训练步骤

1. 双手掌心向内握住单杠，身体悬挂，两侧肩关节完全伸直，双肘也保持完全伸直。
2. 用力向上拉动身体，使锁骨高于单杠，身体始终成一条直线，躯干不要扭动或摆动。
3. 慢慢地将身体降低到起始位置，直到双臂完全伸展。按照设定的重复次数进行练习。

参与的肌肉

主要肌群

- 背阔肌
- 肱二头肌
- 菱形肌
- 三角肌后束
- 下斜方肌

辅助肌群

- 腹直肌
- 肱肌
- 肱桡肌
- 旋前圆肌
- 桡侧腕屈肌
- 指伸肌

变化动作

正手引体向上

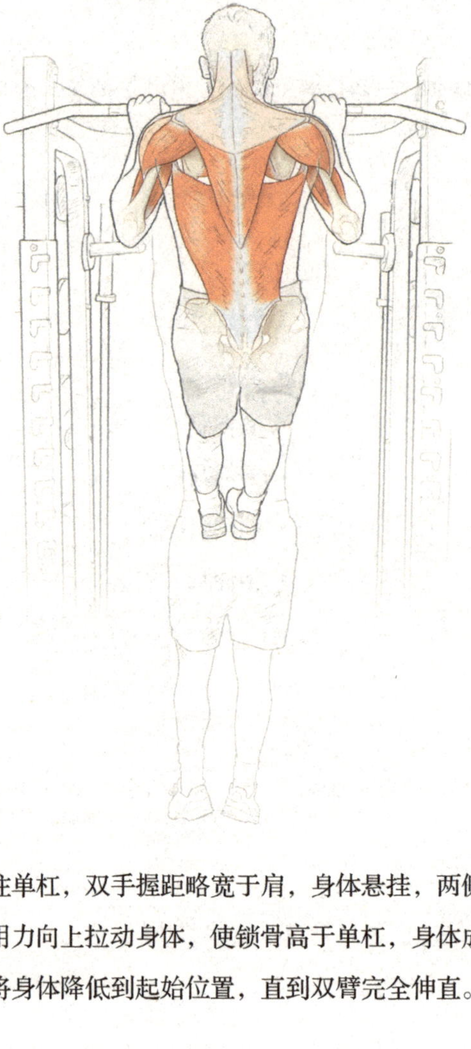

双手掌心向外握住单杠，双手握距略宽于肩，身体悬挂，两侧肩关节完全伸直，双肘也保持完全伸直。用力向上拉动身体，使锁骨高于单杠，身体成一条直线，躯干不要扭动或摆动。慢慢地将身体降低到起始位置，直到双臂完全伸直。按照设定的重复次数进行练习。

哑铃划船

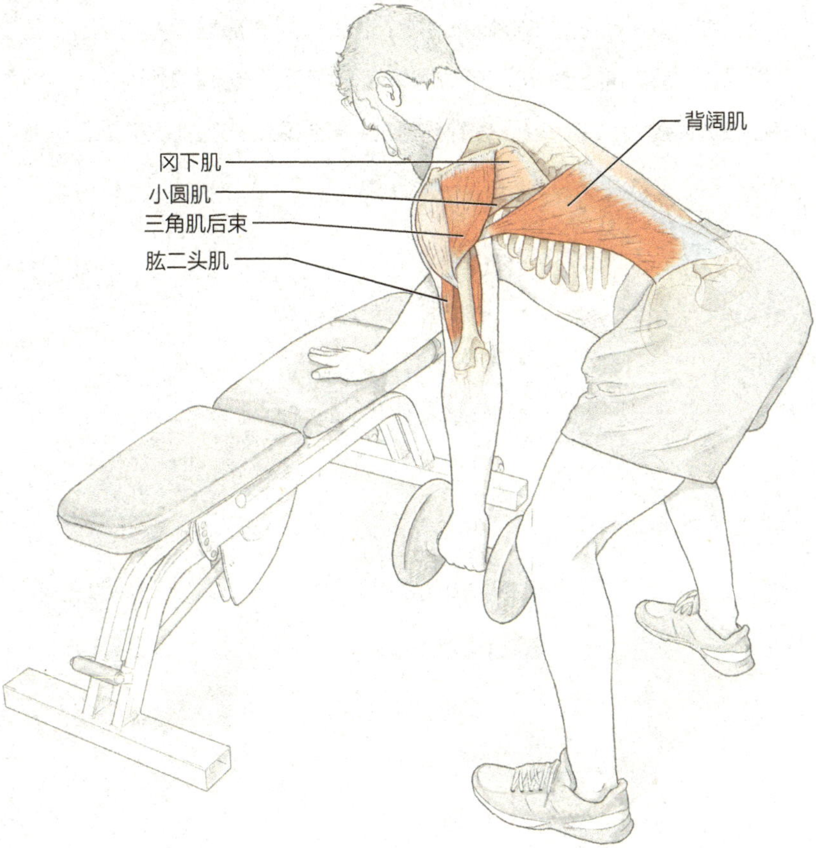

训练步骤

1. 站在离卧推凳大约1米的地方，双脚分开，双脚间距略宽于肩，双膝略微屈曲。髋关节后顶，将一只手稳稳地放在卧推凳上，同时保持背部挺直。
2. 用另一只手抓住哑铃，将哑铃向上拉向身体，直到哑铃到达胸部外侧。
3. 缓慢地将哑铃放回起始位置，并保持脊柱稳定。按照设定的重复次数进行练习。

参与的肌肉

主要肌群

- 背阔肌
- 三角肌后束
- 肱二头肌

辅助肌群

- 小圆肌
- 冈下肌
- 肱桡肌

功能要点

哑铃划船可以训练肩关节后侧的肌肉组织、上背部和中背部的肌肉组织（特别是三角肌后束）、背阔肌、菱形肌，并且也会小幅训练肱二头肌和肩袖。这些肌肉使肩带和肩胛骨复合体具有稳定性，避免肩关节晃动，并为预防碰撞受伤提供坚实的基础。在投掷和在头顶击球时，肱骨和肩胛骨关节的减速肯定会用到背部和肩关节后侧的肌肉，这些肌肉有助于保护肩关节囊和肩袖的完整性。

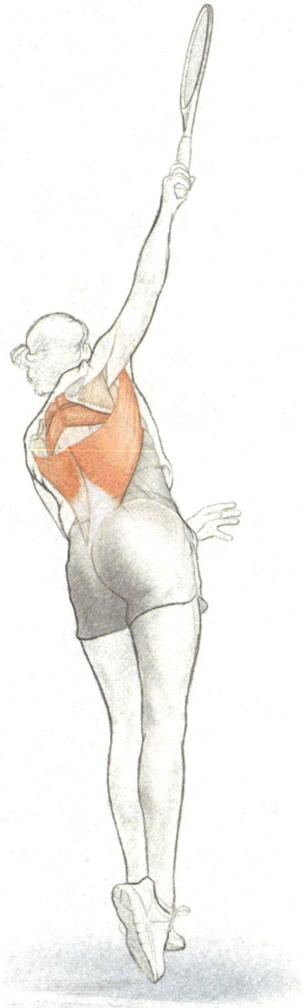

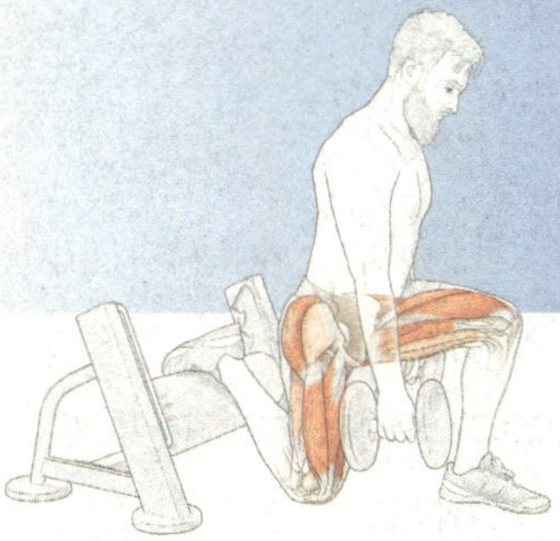

第 7 章

下肢力量训练

毫无疑问，从在力量房内进行的练习中获得的最有价值的成果是增强了下肢力量，从而在竞技运动中优化运动表现并减少运动损伤。全身力量的产生总是始于腿部，无论是冲刺、跳跃上篮，还是挥动球拍，运动员都是通过蹬地发力并将产生的力量传递到身体的其他部位的，任何运动项目的运动员都能从下肢力量训练中获益。

一个简单的物理公式可以反映运动员快速奔跑和跳跃的能力，这说明运动员蹬地产生的力量越大，他们移动得就越远、越快。公式如下。

力 = 质量 × 加速度

运动员蹬地发力和在垂直或水平方向上产生加速度的能力，在很大程度上取决于其下肢的力量。众所周知，在几乎所有的竞技运动中，速度快都具有较大的优势，所以在功能性训练计划中，我们应优先考虑下肢力量训练。

甚至是像长跑这样的耐力项目的运动员也可以从下肢力量训练中获益良多。研究表明，下肢力量训练可以显著提高跑步的经济性，并减少发生与跑步相关的运动损伤的风险，如骨关节炎、足底筋膜炎、应力性骨折和腘绳肌拉伤。

髋主导运动和膝主导运动

在设计功能性训练计划时，将下肢力量训练分为髋主导运动和膝主导运动很有帮助。将所有的下肢运动进行分类可以确保功能性训练计划简单而均衡。

髋主导运动，如硬拉和臀桥，主要训练身体后链肌肉组织，特别是臀肌和腘绳肌。

膝主导运动，如高脚杯深蹲和单腿蹲，主要训练膝关节的伸肌，如股直肌、股内侧肌和股外侧肌，同时还会较小程度地训练臀大肌和腘绳肌。

双侧运动和单侧下肢运动

除了将下肢力量训练分为髋主导运动和膝主导运动外，还可以进一步将其分为双侧运动和单侧运动。传统的健身和力量举训练方法着重强调双侧运动，如颈后深蹲和直杆杠铃硬拉，以增强肌肉力量和增加肌肉体积。尽管这些方法对于竞技性举重等运动项目可能有很大的影响，但对于更多涉及奔跑、跳跃和快速变向的运动项目而言，它们的影响要小得多。双侧下肢力量训练在完整的功能性训练计划中仍占有一席之地，特别是对于初学者而言。高脚杯深蹲是一种很好的入门级力量训练练习，可以帮助运动员训练基础的下肢力量，而六角杠铃硬拉是训练身体后链力量和促进肌肉增长的重要方法。

下肢力量训练多是单侧运动

设计功能性训练计划时，应该选择一些更接近于专项运动的练习。从力学结构和神经学角度来讲，人类是单侧肢体运动占优势的生物，在每次运动时都是采用两侧相对的肢体进行交替运动。选择与人体结构设计相一致的训练策略将使训练计划更高效。

牢记这一点，确保单侧下肢力量训练在全部下肢力量训练计划中占更大的比例是很重要的，因为它们对专项运动的影响很大并且会避免脊柱承受过高的负荷。竞技运动大多是单侧运动，训练计划应反映这些需求，以确保最大限度地优化运动员的运动表现。当你从双侧姿势转为单侧姿势时，下肢肌肉组织的功能需求会完全改变。当你用双腿站立时，要保持平衡，你不需要稳定肌在额状面和水平面进行高水平的活动。相反，当你一条腿离开地面时，你的内侧和外侧稳定肌就会被激活，以保持身体在额状面和水平面处于正确的位置。例如，当你单腿站立时，腹部、臀部和小腿内侧和外侧的肌肉必须协同运动，以保持躯干、骨盆、股骨和小腿处于正确的位置。

这就是为什么单侧下肢力量训练对于减少竞技运动中的运动损伤如此重要。使用单腿蹲和单腿硬拉等单侧运动来训练身体在单腿姿势中对骨盆、股骨、胫骨和脚的控制能力，有助于保护容易发生运动损伤的膝关节和踝关节的韧带和肌腱。

高脚杯深蹲

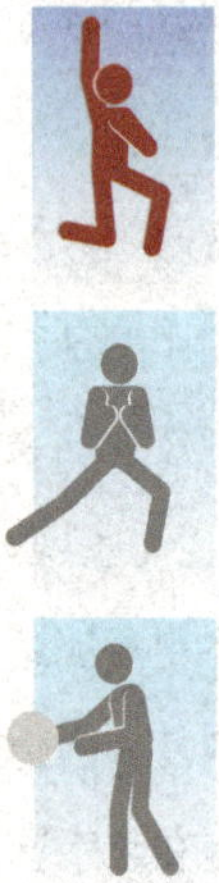

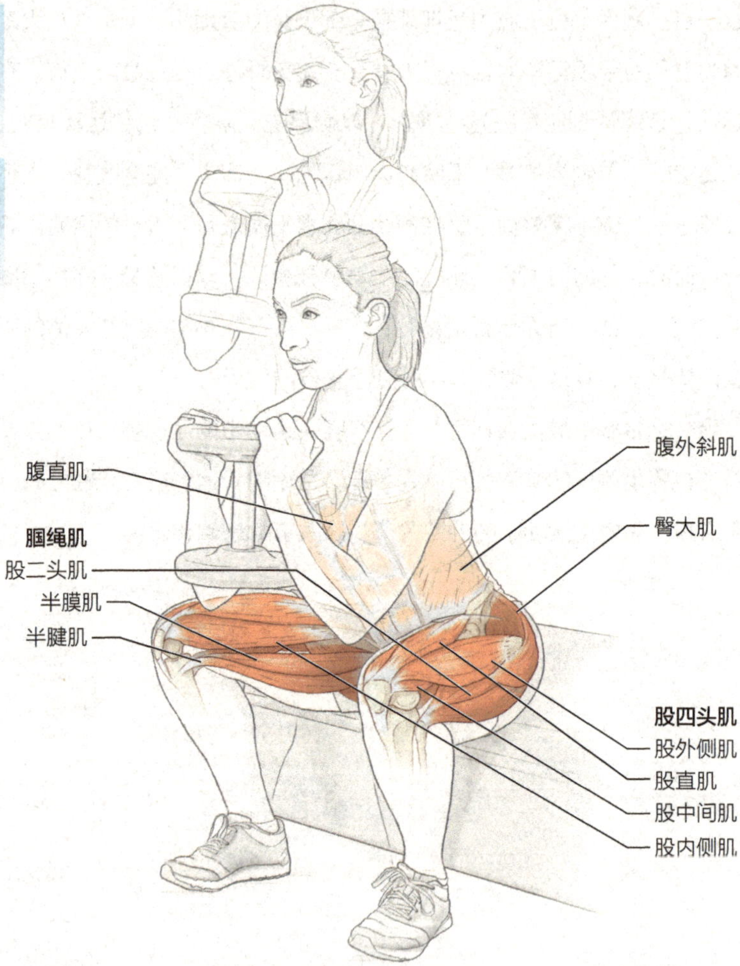
腹直肌
腘绳肌
股二头肌
半膜肌
半腱肌
腹外斜肌
臀大肌
股四头肌
股外侧肌
股直肌
股中间肌
股内侧肌

训练步骤

1. 双脚分开站立，双脚间距比肩略宽，脚趾向前。双手抓紧哑铃或壶铃并将其放于胸前，双肘紧贴身体。
2. 支撑下蹲时，将肋骨向下沉，骨盆向后轻微倾斜，尝试通过主动外旋双脚来缓解臀部的紧张。
3. 缓慢地降低身体重心，膝关节向前，直到股骨约与地面平行。缓慢地上升身体重心，保持胸部和背部挺直。
4. 按照设定的重复次数进行练习。

参与的肌肉

主要肌群

- 股四头肌（股外侧肌、股直肌、股中间肌、股内侧肌）
- 臀大肌
- 腘绳肌（股二头肌、半膜肌、半腱肌）

辅助肌群

- 腹直肌
- 腹外斜肌

功能要点

高脚杯深蹲是训练双侧膝主导力量的一种非常重要的练习。与传统的颈后深蹲相比，高脚杯深蹲更容易学习，且运动员的受伤风险更低。双手抓紧哑铃或壶铃并将其放于胸前可以让运动员保持躯干垂直，也有助于训练腹直肌和腹外斜肌等核心肌群的力量，并对股四头肌、臀肌和腘绳肌产生压力。训练双侧膝主导力量可以让运动员轻松地完成跳跃之类的双侧动作，并可作为初学者或受伤初愈的运动员训练单侧力量的基础。

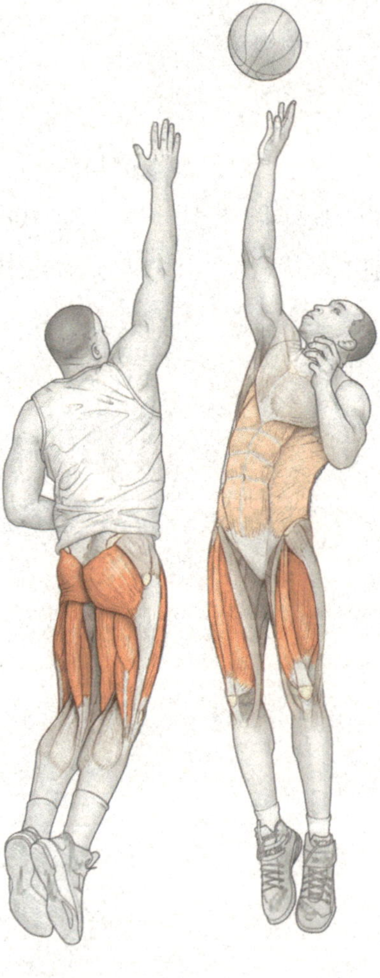

后脚抬高分腿下蹲

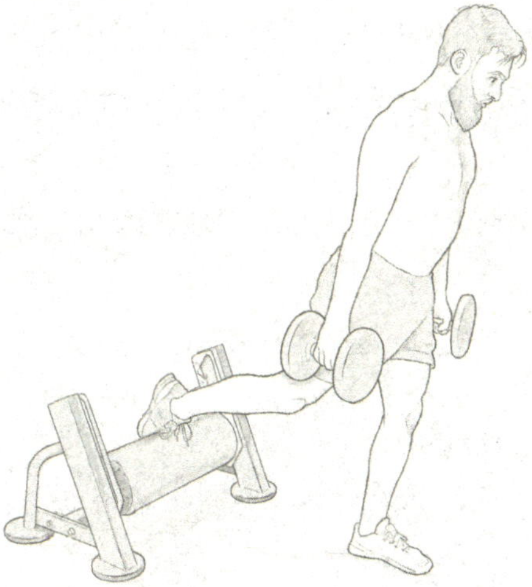

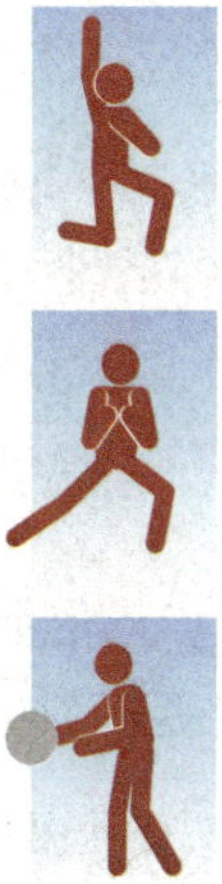

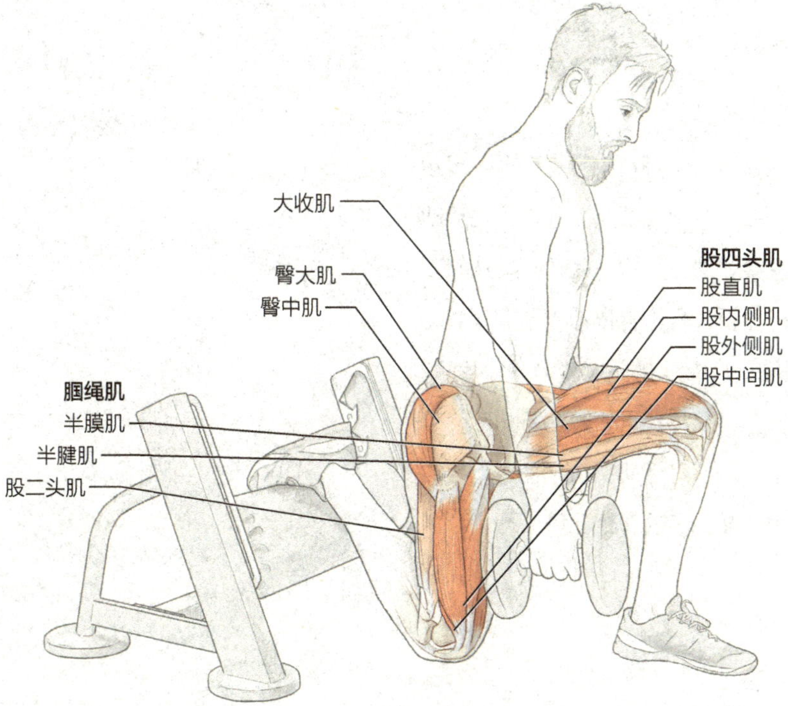
大收肌
臀大肌
臀中肌
腘绳肌
半膜肌
半腱肌
股二头肌
股四头肌
股直肌
股内侧肌
股外侧肌
股中间肌

训练步骤

1. 双手各握一个哑铃，双脚并拢站立，卧推凳或单腿前蹲支架放在身后大约60厘米处。向后伸出一条腿，将脚背放在卧推凳或单腿前蹲支架上。
2. 挺胸抬腿，在前腿的支撑下进行下蹲。保持前腿膝关节位于臀部前面和前脚的正上方。
3. 下蹲到最低处时，后腿膝关节轻轻触碰地面，然后后脚用力蹬伸回到起始位置。按照设定的重复次数进行练习。

参与的肌肉

主要肌群

- 股四头肌（股直肌、股内侧肌、股外侧肌、股中间肌）
- 臀大肌
- 大收肌

辅助肌群

- 腘绳肌（半膜肌、半腱肌、股二头肌）
- 臀中肌

功能要点

单侧膝主导的负重练习（如后脚抬高分腿下蹲）是训练下肢力量以优化运动表现的主要方法。短跑、跳跃、减速和改变方向都在很大程度上依赖于单侧下肢力量，这是传统的双侧运动所无法训练到的。此外，与双侧负重杠铃练习相比，单侧负重哑铃练习对运动员的脊柱有一定的保护作用，减少了其脊柱受伤的可能性。

变化动作

双哑铃分腿下蹲

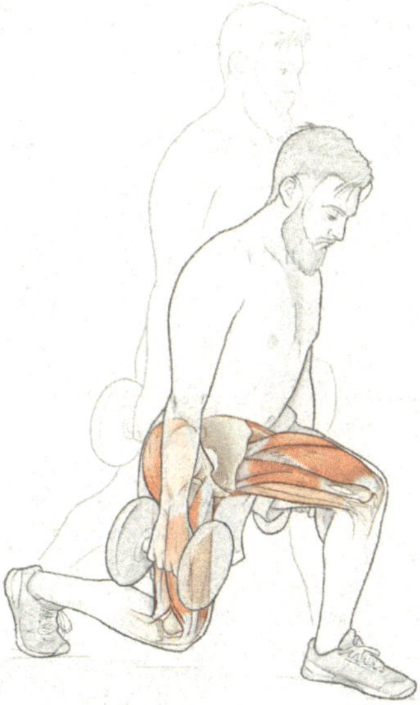

以单腿跪姿开始，左脚在前，右脚在后。右膝应该在右臀的正下方，左膝应该在左脚的正上方。双手各握一个哑铃，放在身侧。左脚用力蹬伸，向上推起身体，直到左腿几乎完全伸直。回到起始位置，在重复该练习之前，用右膝轻轻触碰地面，按照设定的重复次数进行练习。换另一侧做相同的练习。

双哑铃分腿下蹲是后脚抬高分腿下蹲的退阶动作，会在两腿之间均匀分布运动员的体重。对于可能没有足够的力量或者在练习后脚抬高分腿下蹲时难以保持平衡的初学者来说，这个练习可以减少前腿的负荷，练习起来会更简单。

膝主导

单腿蹲

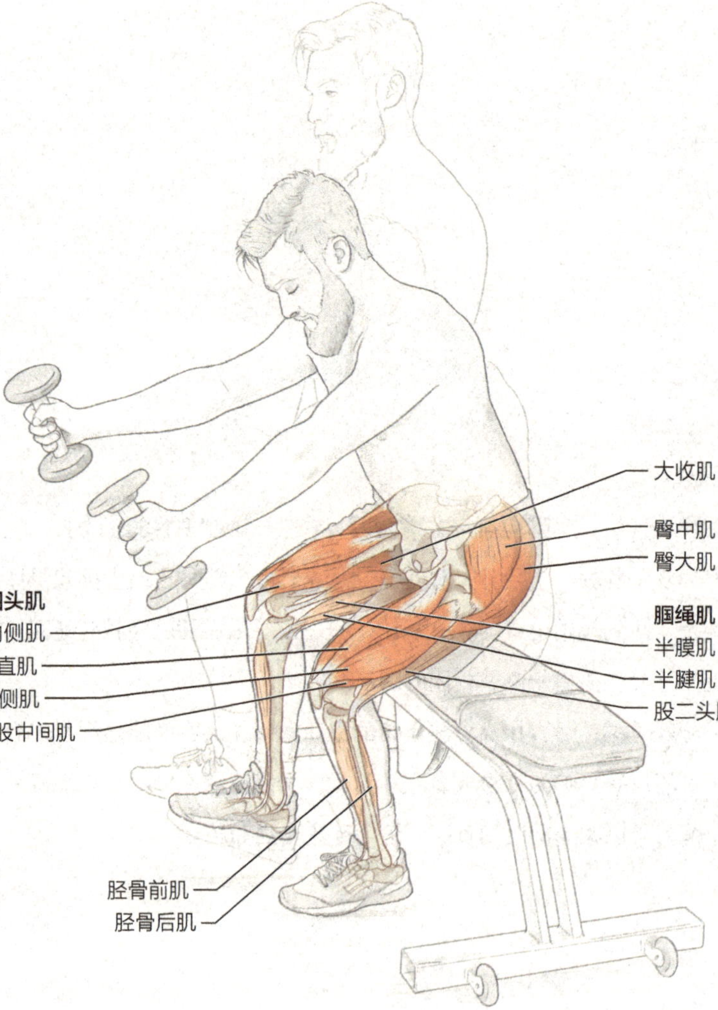
大收肌
臀中肌
臀大肌
股四头肌
股内侧肌
股直肌
股外侧肌
股中间肌
腘绳肌
半膜肌
半腱肌
股二头肌
胫骨前肌
胫骨后肌

训练步骤

1. 站在一个卧推凳或50厘米高的箱子前，双手各拿一个5磅的哑铃。
2. 向前并向上举起哑铃，同时一只脚离开地面，然后缓慢地向卧推凳或箱子下蹲。
3. 臀部轻轻触碰身体下方的卧推凳或箱子，但要避免借力，慢慢回到起始位置。在整个动作中，重点是保持髋、膝、踝3个关节在一条直线上。
4. 按照设定的重复次数进行练习，并换另一侧做相同的练习。

参与的肌肉

主要肌群

- 股四头肌（股内侧肌、股直肌、股外侧肌、股中间肌）
- 臀大肌
- 臀中肌
- 大收肌

辅助肌群

- 腘绳肌（半膜肌、半腱肌、股二头肌）
- 胫骨前肌
- 胫骨后肌

功能要点

多平面的单腿力量和稳定性是优化运动表现和减少运动损伤的基础。在运动场上，运动员要不断地调整脚、踝关节、胫骨、股骨和骨盆的稳定性，以对抗来自各个方向的力量。单腿蹲是可在力量房中练习的最接近实际运动情况的运动形式，可以模仿运动员在运动场上下肢所承受的各种压力。单腿站立时，外侧臀肌、腘绳肌、内收肌和股四头肌都会被迫收缩，以保持股骨的稳定，和进行单腿蹲时一样。单腿蹲发展的力量和控制能力，与增强对下肢的保护，使其免遭前交叉韧带断裂等下肢损伤直接相关。

高脚杯侧蹲

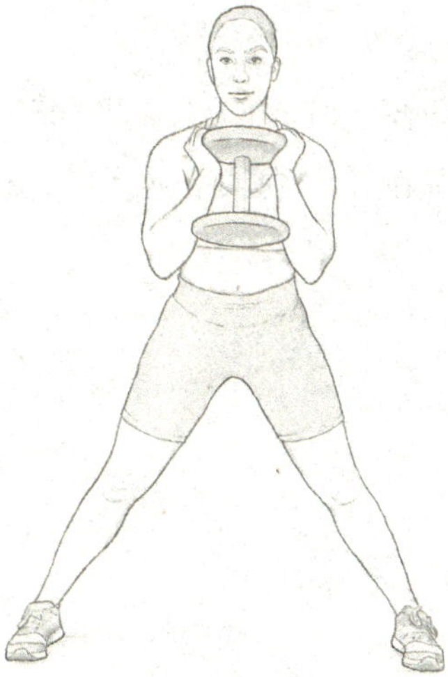

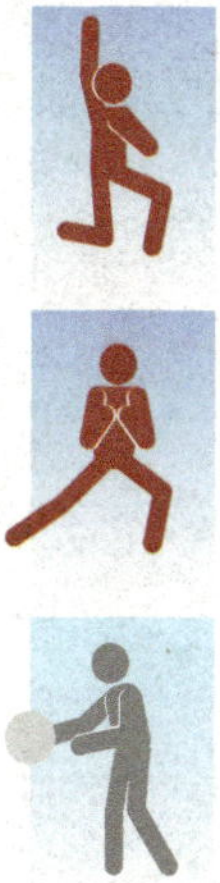

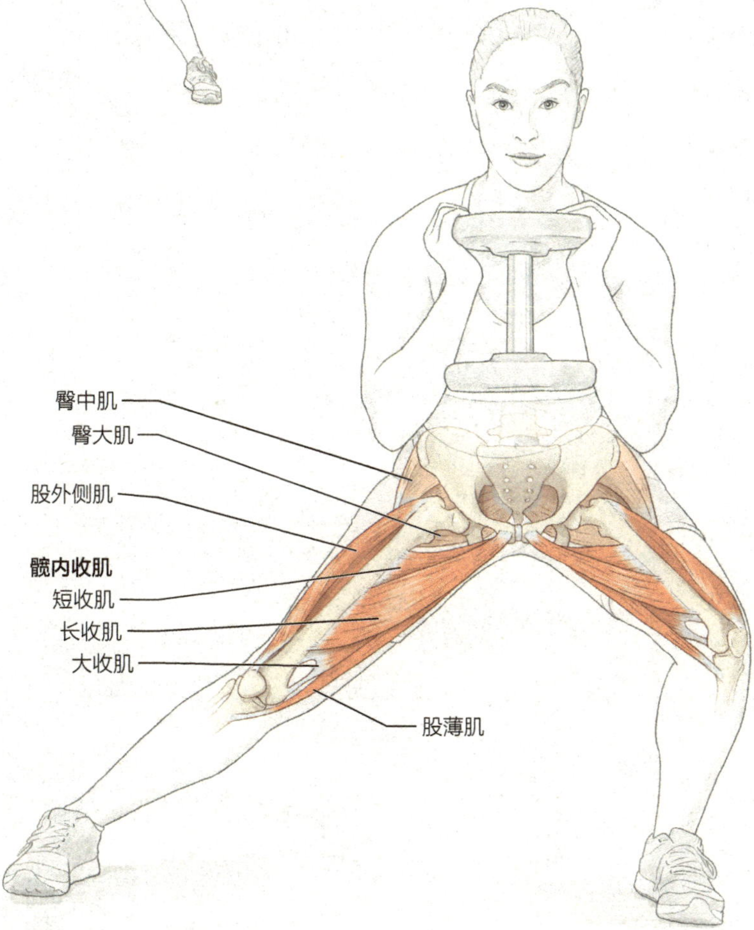
臀中肌
臀大肌
股外侧肌
髋内收肌
短收肌
长收肌
大收肌
股薄肌

训练步骤

1. 身体呈站立姿势，双腿尽量分开，双膝伸直，双脚平放在地面上，脚尖朝前。双手将哑铃垂直握在胸前。
2. 向左侧下蹲，同时保持右腿伸直。尽可能地下蹲，同时保持背部挺直且右腿伸直。
3. 用臀大肌和腘绳肌向上推动身体。回到起始位置，并在另一侧重复上述练习。交替练习，直到完成设定的重复次数。

参与的肌肉

主要肌群

- 髋内收肌（短收肌、长收肌、大收肌）
- 股薄肌
- 股外侧肌
- 股内侧肌
- 股直肌

辅助肌群

- 臀大肌
- 臀中肌

功能要点

高脚杯侧蹲对于训练下肢的侧向肌肉（特别是内收肌群）非常有用。内收肌群在橄榄球、篮球、冰球和足球等运动中经常被使用，在这些运动中，运动员有频繁的急停和变向等动作。通常情况下，内收肌群力量不足或柔韧性不足都会使下肢的侧向肌肉有受伤的风险。高脚杯侧蹲训练可以在缩短和拉长的位置对内收肌群施加离心应力，还可以训练臀肌和髋关节外侧稳定肌，以帮助运动员在额状面产生力量并维持稳定。

单腿硬拉

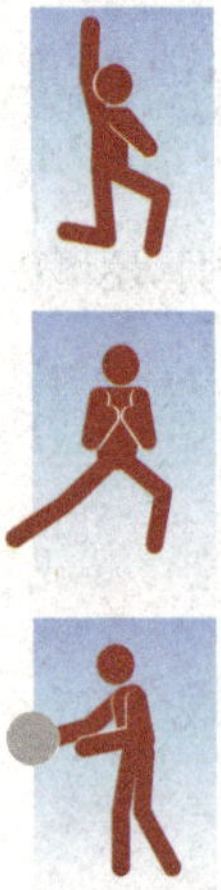

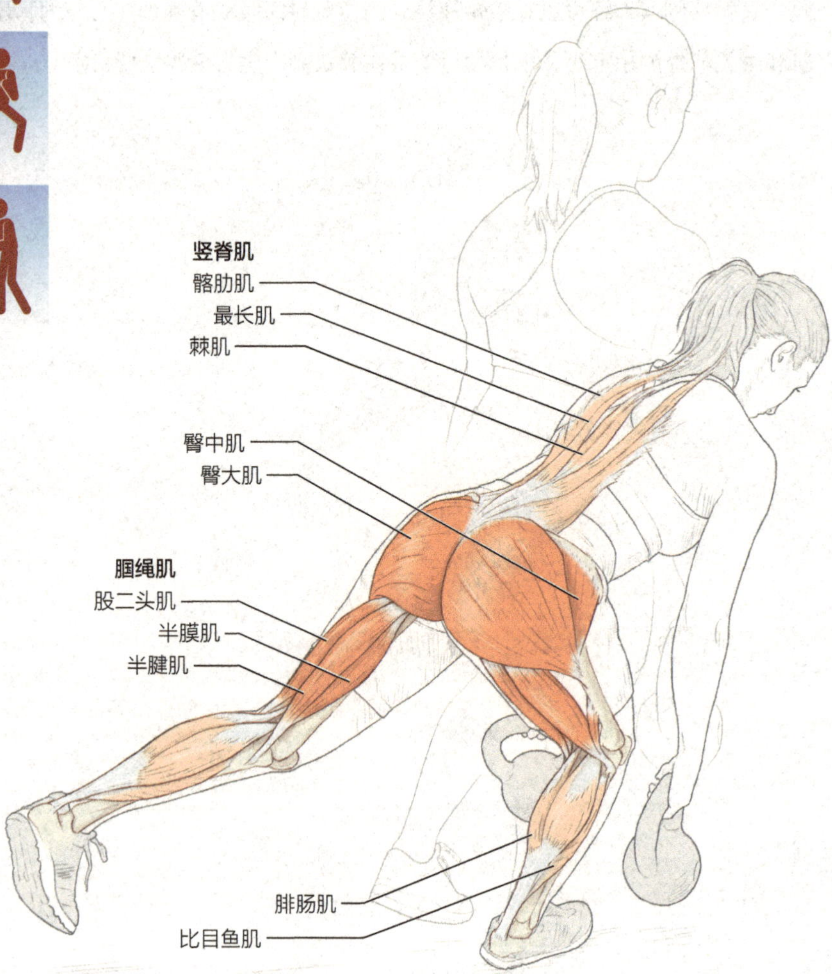
竖脊肌
髂肋肌
最长肌
棘肌
臀中肌
臀大肌
腘绳肌
股二头肌
半膜肌
半腱肌
腓肠肌
比目鱼肌

训练步骤

1. 身体呈站立姿势，双脚并拢，双手各握住一个壶铃或哑铃。左脚抬离地面，然后身体开始向地面倾斜。采用髋关节铰链动作模式，将髋关节后顶，轻轻地屈曲右膝，这样就不会锁死膝关节。主动将左腿尽量向后伸。
2. 一旦躯干与地面平行，用力收缩臀肌和腘绳肌，回到站立姿势。
3. 按照设定的重复次数进行练习，并换另一侧做相同的练习。

参与的肌肉

主要肌群

- 腘绳肌（股二头肌、半膜肌、半腱肌）
- 臀中肌
- 臀大肌

辅助肌群

- 腓肠肌
- 比目鱼肌
- 竖脊肌（髂肋肌、最长肌、棘肌）

功能要点

单腿硬拉是一种真正的功能性后链增强练习，可训练冲刺和防止腘绳肌拉伤所需的能力。单侧髋关节铰链运动可以训练腘绳肌的离心功能，帮助保护腘绳肌，避免其受伤，同时可以使腘绳肌和臀肌协同工作，就像它们在短跑时那样。

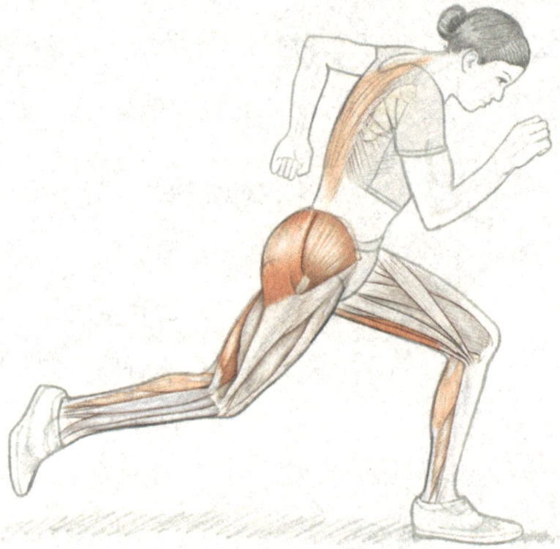

六角杠铃硬拉

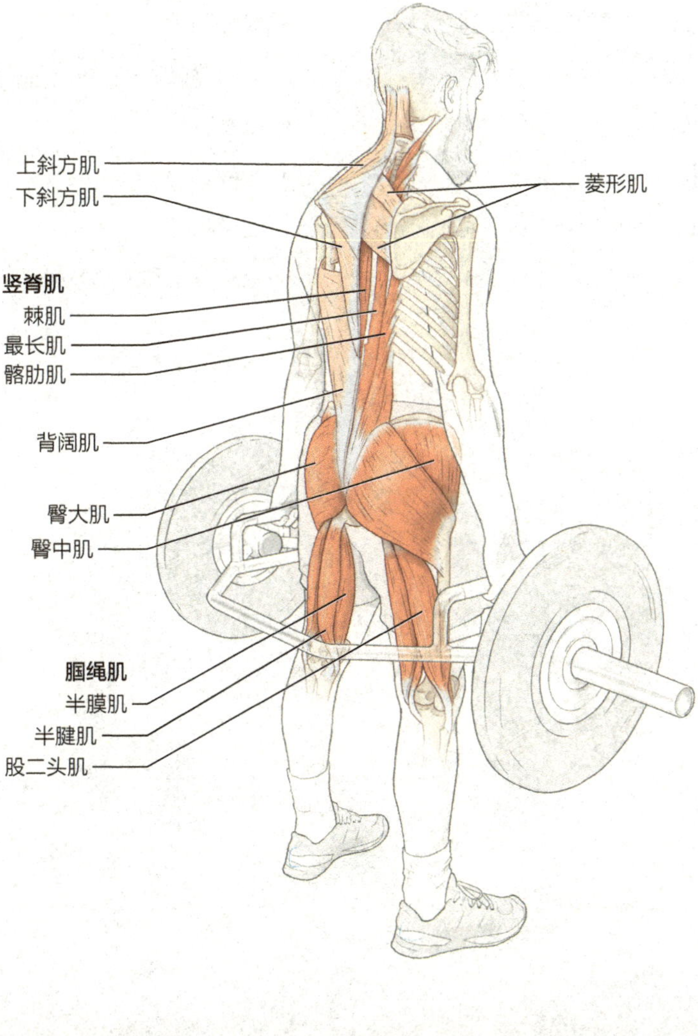
上斜方肌
下斜方肌
菱形肌
竖脊肌
棘肌
最长肌
髂肋肌
背阔肌
臀大肌
臀中肌
腘绳肌
半膜肌
半腱肌
股二头肌

训练步骤

1. 站在六角杠铃内，双脚分开，双脚间距与肩同宽。脊柱挺直，向下进行髋关节铰链运动，双手紧紧抓住六角杠铃两侧的把手。在开始运动之前，深吸一口气，核心收紧。
2. 使用臀肌和腘绳肌发力，伸展髋关节，使身体站直，同时在整个运动中始终保持脊柱处于中立位。
3. 使身体重心下降，回到起始位置，在重复该练习之前，六角杠杆需轻轻触碰地面。按照设定的重复次数进行练习。

参与的肌肉

主要肌群

- 腘绳肌（半膜肌、半腱肌、股二头肌）
- 臀大肌
- 臀中肌
- 竖脊肌（棘肌、最长肌、髂肋肌）

辅助肌群

- 股外侧肌
- 股内侧肌
- 股直肌
- 背阔肌
- 菱形肌
- 上斜方肌和下斜方肌

功能要点

在功能性训练计划中，六角杠铃硬拉应该是主要的双侧髋主导的负重练习。由于可以加大负重，六角杠铃硬拉成为训练后链肌肉组织力量和增加肌肉体积的有效方法。六角杠铃硬拉练习的模式可以很好地迁移到竞技运动项目中的跳跃。与传统的直杆杠铃相比，使用六角杠铃使运动员更容易掌握该练习的技术，并减少了使用直杆杠铃时可能发生的错误和降低了运动员受伤的风险。

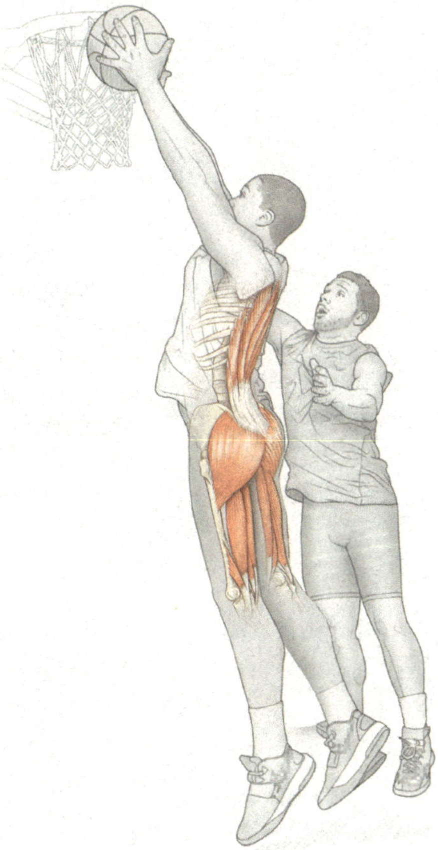

滑动屈膝

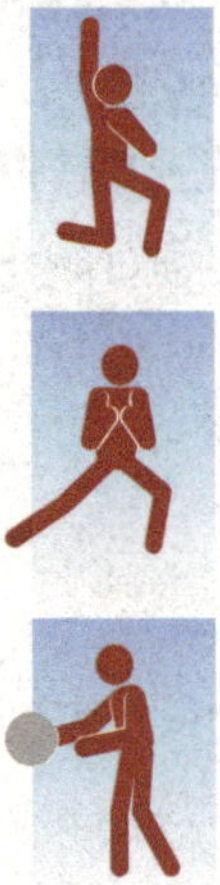

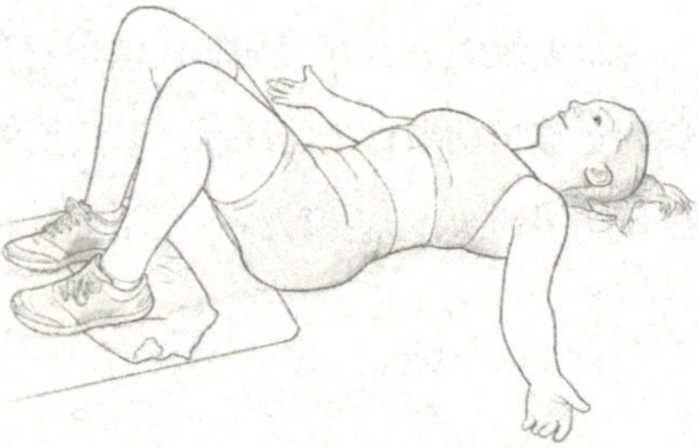

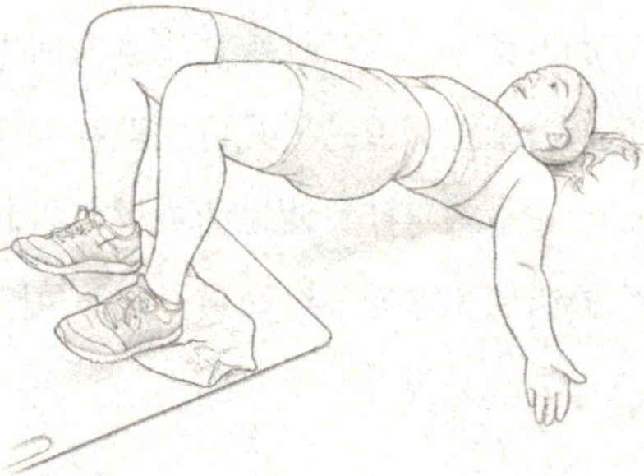

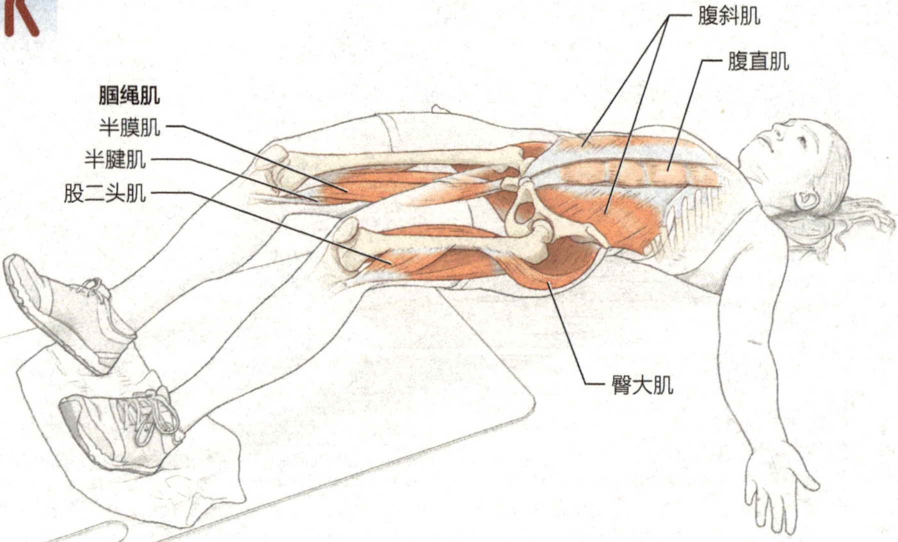
腹斜肌
腹直肌
腘绳肌
半膜肌
半腱肌
股二头肌
臀大肌

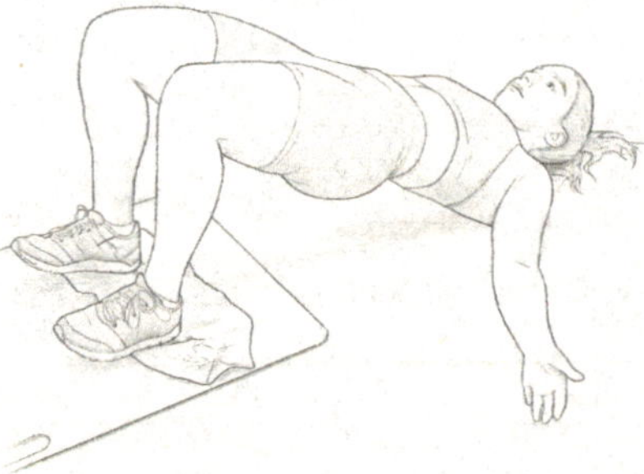

训练步骤

1. 仰卧，双膝屈曲，髋关节屈曲，双脚脚后跟着地，双脚踝关节背屈。应该在草皮表面上用塑料滑块或者在滑板或硬木地面上用毛巾进行训练，这样双脚就可以平稳地滑动。
2. 做臀桥，使髋关节完全伸展，直至膝关节到肩关节成一条直线。缓慢地开始伸展双膝，在保持髋关节完全伸展的同时，双脚向前滑动。
3. 膝关节完全伸展后，主动往回屈曲膝关节，同时向上推动臀部，直至回到起始位置。
4. 在整个练习过程中，保持腹肌收紧并充分伸展髋关节。按照设定的重复次数进行练习。

参与的肌肉

主要肌群

- 臀大肌
- 腘绳肌（半膜肌、半腱肌、股二头肌）
- 腹斜肌

辅助肌群

- 竖脊肌（髂肋肌、最长肌、棘肌）
- 腹直肌

功能要点

滑动屈膝可以训练腘绳肌、臀肌和腹斜肌，就像在冲刺时那样。在较佳的冲刺运动中，腘绳肌、臀肌和腹斜肌在功能上存在微妙的平衡。腘绳肌和腹斜肌会共同激活以控制骨盆的位置，并且臀肌和腘绳肌会共同激活以伸展髋关节。当其功能达到较佳状态时，这些肌肉和肌群会共同协作来完成步态周期。但是，当臀肌或腹斜肌无法正常运作时，腘绳肌就会超负荷运作，这常常会导致腘绳肌拉伤。

该练习有助于运动员使用腹斜肌保持骨盆处于中立位，同时伸展髋关节和拉伸臀肌，并使用离心应力收紧腘绳肌。

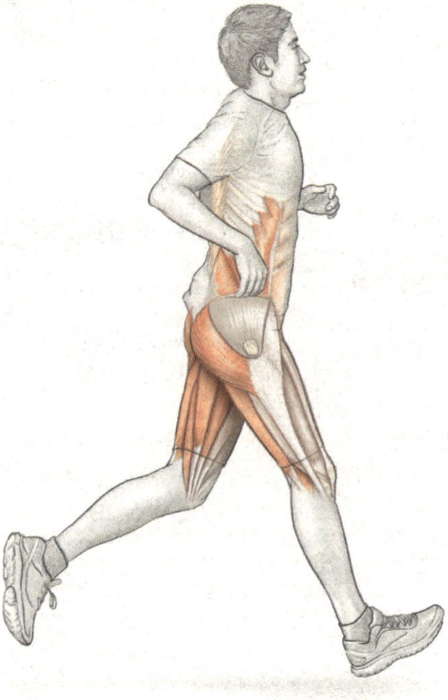

变化动作

肩关节抬高单腿臀桥

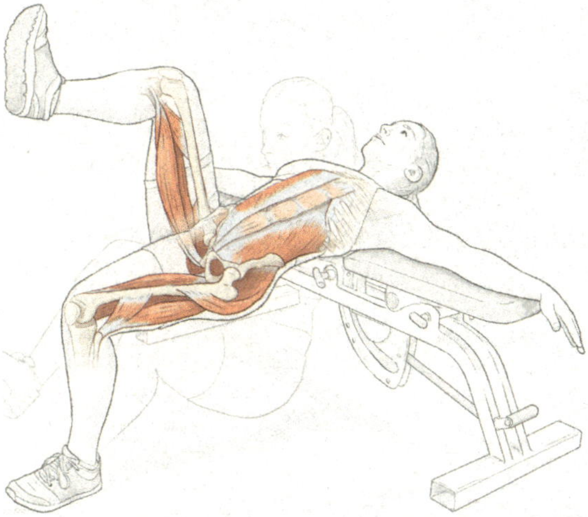

首先，坐在地上，上背部靠在卧推凳上，肩胛骨应位于卧推凳上方，髋关节屈曲，双脚脚后跟放在地面上，双脚踝关节向上背屈。屈曲右膝，使之尽可能地靠近胸部，并将右脚抬离地面。左脚脚后跟放在地面上，主动伸展左侧髋关节，直到躯干与地面平行，左侧膝关节到左侧肩关节成一条直线。前侧核心肌群收紧，以防止脊柱过度伸展。缓慢地下降身体，回到起始位置。按照设定的重复次数进行练习，并换另一侧做相同的练习。

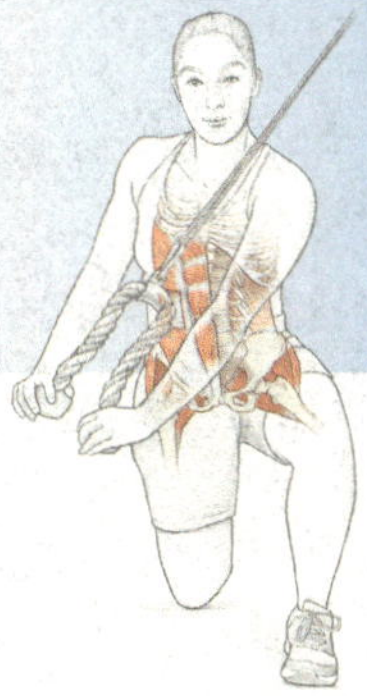

第8章

核心稳定和旋转力量动作

在健身和力量训练的主流领域中，“核心力量”常常与肉眼可见的6块腹肌紧紧联系在一起。虽然拥有视觉可见的腹肌是一种很好的美学特征，但它与一个人日常营养有关，而不是与核心肌肉功能的有效性有关。就像健美运动一样，一个人肌肉的视觉外观与其在竞技场上转化为专项功能的能力几乎没有关系。支撑和抵抗外力的能力、上肢和下肢之间的力量传递能力以及控制脊柱运动的能力是定义功能性核心力量的关键。

界定核心

当人们讨论腹部训练时，你经常会听到“核心”这个词，但很少会看到核心被定义并被分解成多个部分。如果你想要有效地训练核心肌肉，你就需要花时间来准确地定义在训练过程中应该训练的核心肌肉。

核心肌肉可分为以下几个部分。

- 腹直肌。
- 腹内斜肌和腹外斜肌。
- 腹横肌。
- 多裂肌。
- 腰方肌。
- 竖脊肌（髂肋肌、最长肌、棘肌）。
- 膈肌。

所有这些肌肉都有助于人体的整体核心力量和稳定性的发展，应该在一个完整的功能性训练计划中加以训练。

“抵抗移动”的核心训练

经典的核心训练通常包括仰卧起坐和俄罗斯转体等练习，这些练习的重点是利用核心肌肉来完成脊柱多方向的运动。这些练习虽然被广泛应用，但易使核心肌肉产生疲劳，因此不适合出现在功能性训练计划中。

从功能上讲，核心肌肉起到稳定肌或抵抗核心运动的作用。在人体运动和竞技运动中，它们可以支撑脊柱、抵抗不必要的移动，并协助上肢和下肢之间的力量传递。

核心肌肉主要进行等长和离心收缩，而不是进行主动的向心收缩。

在本章中，为了确保你进行有效的练习选择，这些练习已根据其抵抗核心运动的方式而不是主动运动的方式进行了分类：抗伸展练习和抗屈曲练习训练用于控制脊柱、胸腔和骨盆在矢状面运动的肌肉；抗旋转练习训练用于控制脊柱、胸腔和骨盆在水平面运动的肌肉；抗侧屈练习训练用于控制脊柱、胸腔和骨盆在额状面运动的肌肉。

平板支撑

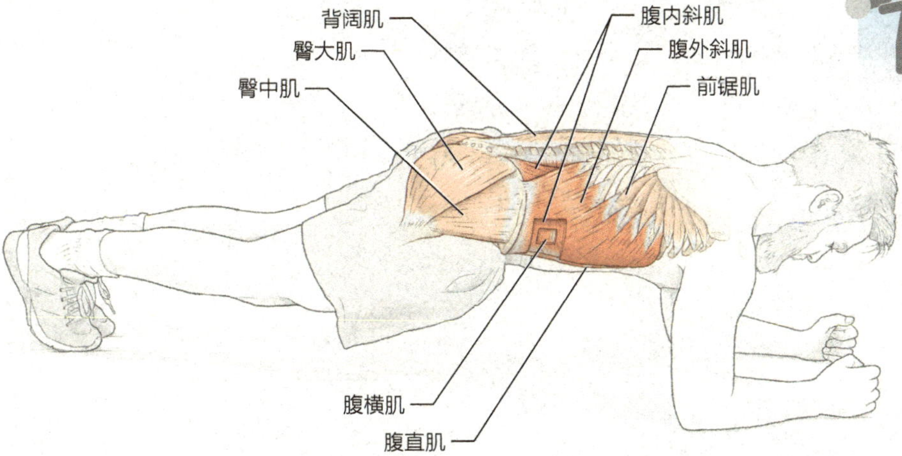
背阔肌
臀大肌
臀中肌
腹内斜肌
腹外斜肌
前锯肌
腹横肌
腹直肌

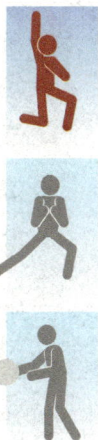

训练步骤

1. 俯卧在地上，双肘支撑在肩膀的正下方，双手握拳，左右前臂和左右拳头放在地面上。收紧双腿，收缩臀大肌，骨盆向后倾斜，胸腔下沉。
2. 将双腿和臀部抬离地面，仅由左右前臂和双脚来支撑身体。主动收缩腹肌，骶骨、胸椎和枕骨成一条直线。
3. 在整个练习过程中，主动用鼻子吸气，然后用嘴呼气，以促进腹部运动。保持该姿势规定的时间。

参与的肌肉

主要肌群

- 腹直肌
- 腹外斜肌
- 腹内斜肌
- 腹横肌

辅助肌群

- 背阔肌
- 前锯肌
- 臀大肌
- 臀中肌

功能要点

脊柱、骨盆和胸腔的矢状面控制，是维持脊柱的健康以及促使上肢和下肢之间进行有效的力量传递的基础。腹斜肌和腹直肌可以降低胸腔并向后倾斜骨盆，从而有助于保持腹腔内压力处于最佳位置。保持理想的核心和骨盆位置的能力可以减小椎间盘的剪切力，并为运动时上肢和下肢之间的力量传递提供一个稳定的交叉点。平板支撑应该是训练抗伸展肌肉并教运动员如何保持较佳矢状面身体位置的第一步。

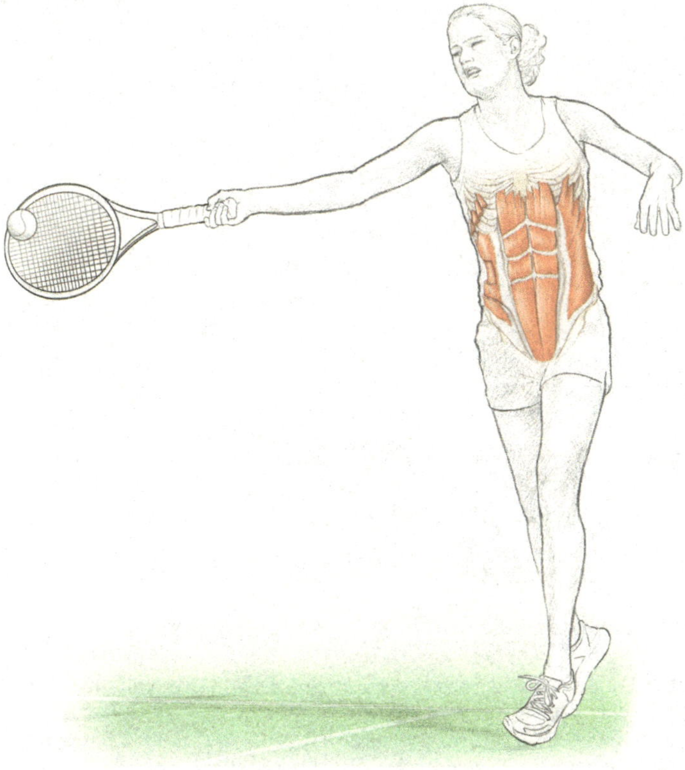

抗伸展

瑞士球收腹

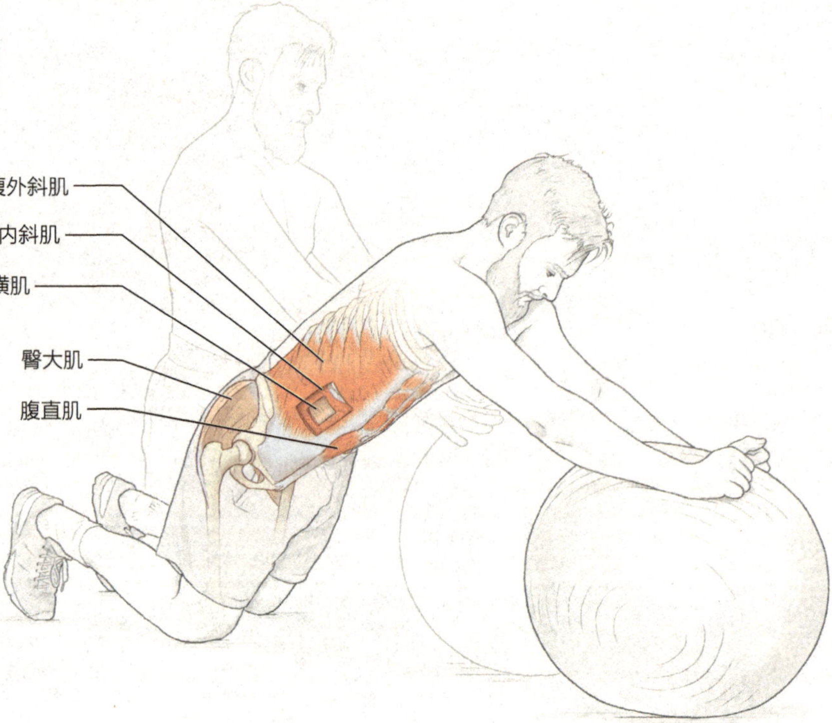

训练步骤

1. 从高位跪姿开始，双脚踝关节背屈，双脚脚趾紧贴地面。保持双臂伸直，双手放在瑞士球的上方。
2. 骨盆向后倾斜，收缩胸腔，保持前腹壁收紧。
3. 将身体重心转移到双手上，让瑞士球向前滚动。保持前腹壁收紧，使头部、胸椎和骶骨成一条直线。
4. 将手臂卷起一半，然后反转方向并回到起始位置。按照设定的重复次数进行练习。

参与的肌肉

主要肌群

- 腹外斜肌
- 腹内斜肌
- 腹直肌

辅助肌群

- 背阔肌
- 前锯肌
- 腹横肌
- 臀大肌

功能要点

掌握了平板支撑练习之后，你就可以进行瑞士球收腹练习。瑞士球收腹是一种抗伸展练习的进阶练习。与平板支撑相比，由于运动的动态特性和对脊柱、骨盆和胸腔施加更大的伸展力，瑞士球收腹是一种更具挑战性的抗伸展变化动作。瑞士球收腹的动态特性迫使你在伸展力增大的情况下抵抗核心伸展并控制躯干，使其处于相对静止的状态，就像你在运动中必须做的那样。

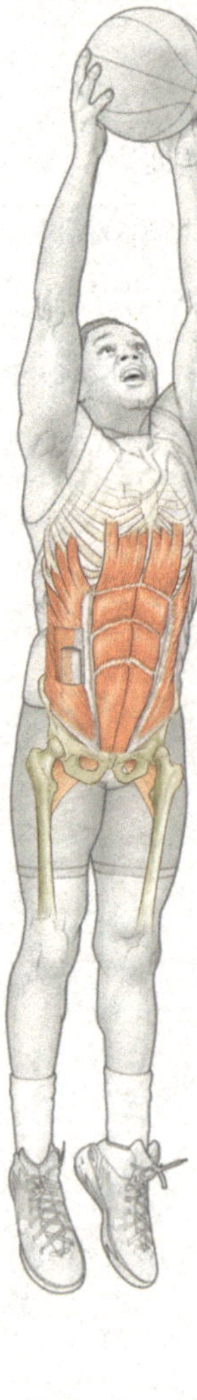

棍式死虫练习

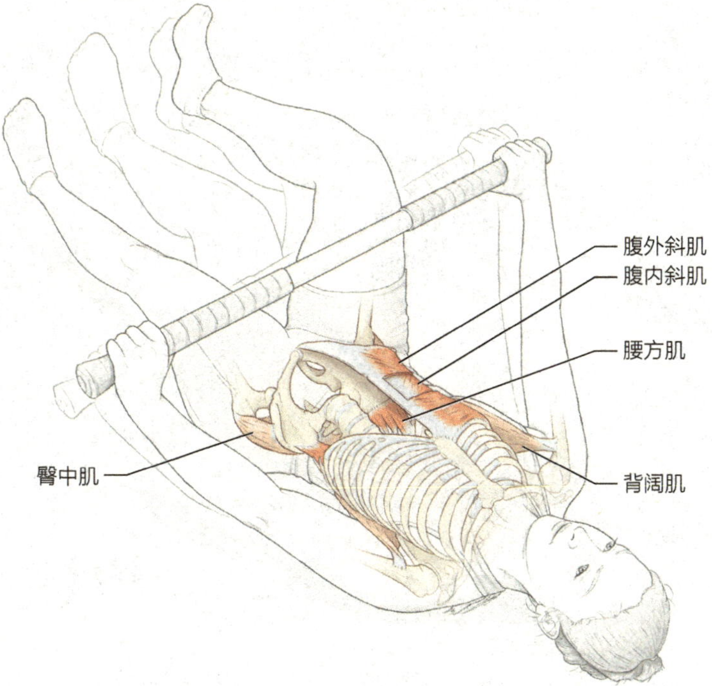

训练步骤

1. 仰卧，髋关节最大限度地屈曲，双膝屈曲。双手紧握木棍并压向大腿，同时双腿主动向木棍靠近。在整个练习过程中，下背部要始终紧贴地面。
2. 用力呼气，一边向外伸直一条腿，一边收缩胸腔。在伸出腿离地面约2.5厘米时开始吸气，缓慢将伸出腿收回起始位置。
3. 换一侧做相同的练习，按照设定的重复次数连续交替地重复该练习。

参与的肌肉

主要肌群

- 腹直肌
- 腹内斜肌
- 腹外斜肌
- 腰方肌

辅助肌群

- 腹横肌
- 臀中肌
- 背阔肌

功能要点

棍式死虫练习是一种基本的抗伸展核心运动，用于训练运动员对胸腔和骨盆在矢状面运动的控制能力。在练习过程中，当你伸展腿时，脊柱和骨盆承受的伸展力会增大，这就要求你收紧前侧核心肌群，以产生足够的力量来防止躯干过度伸展。这与运动员在短跑过程中为了保持正确的跑步姿势而必须承受更大的压力相同。

抗旋转

抗旋转前推

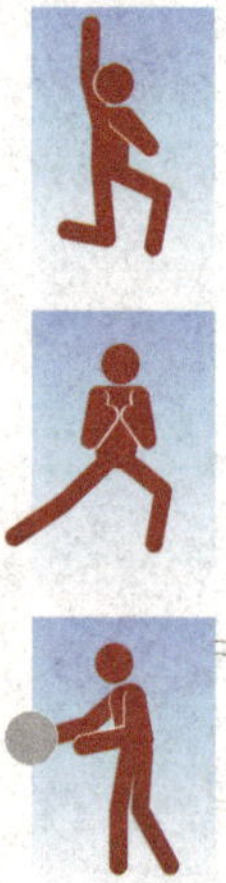

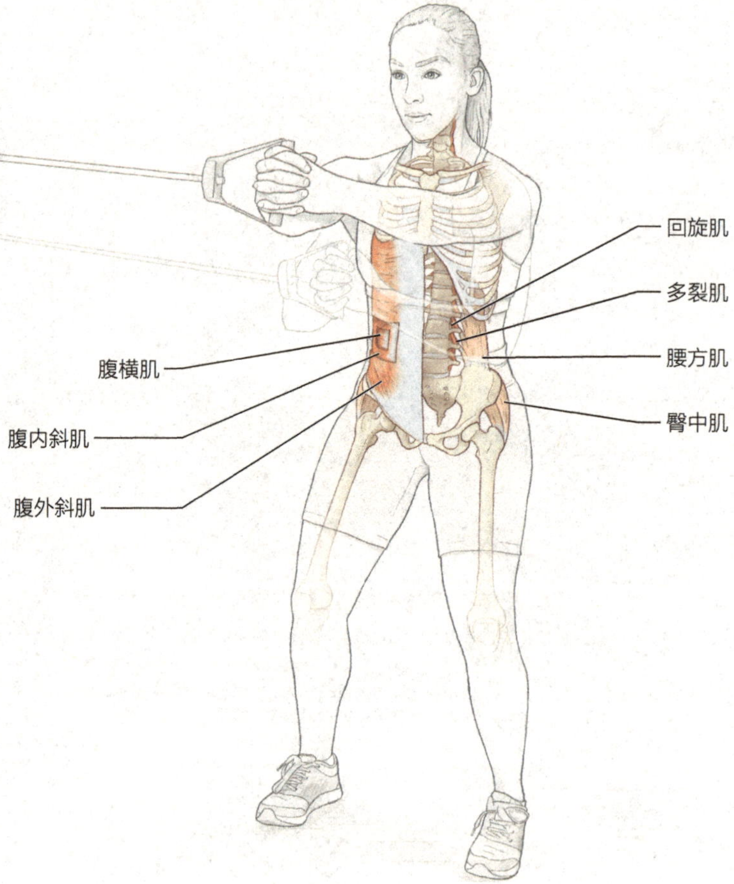
回旋肌
多裂肌
腰方肌
臀中肌
腹横肌
腹内斜肌
腹外斜肌

训练步骤

1. 双脚分开，双脚间距与肩同宽，双膝略微屈曲，站在绳索训练器前。双手握住绳索训练器的手柄，并将其保持在胸部高度，双手十指交叉。
2. 双手握住绳索训练器的手柄，将拉力绳向前推出，伸直双臂。抵抗侧方拉力绳的拉力，收紧前侧核心。
3. 慢慢回到起始位置。按照设定的重复次数进行练习。

参与的肌肉

主要肌群

- 腹外斜肌
- 腹内斜肌
- 多裂肌
- 回旋肌
- 腹横肌

辅助肌群

- 臀中肌
- 腰方肌

功能要点

抗旋转前推是一种等长抵抗旋转练习，该练习可以用来训练脊柱稳定性和旋转躯干的力量，包括反射性脊柱稳定肌（多裂肌、腹横肌、回旋肌）和原动肌（腹直肌、腹外斜肌和腹内斜肌）。在旋转运动中，核心肌肉的作用不是产生运动，而是作为从下肢到上肢的力量传递装置。支撑躯干以保持核心稳定和控制躯干旋转的能力，可以让你在投掷、拳击、击打和挥拍等动作中有效地将力量从下肢传递到上肢。

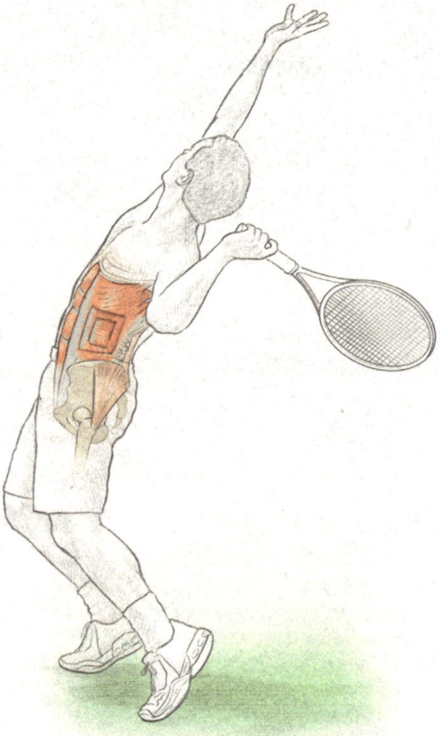

单腿跪姿绳索斜上拉

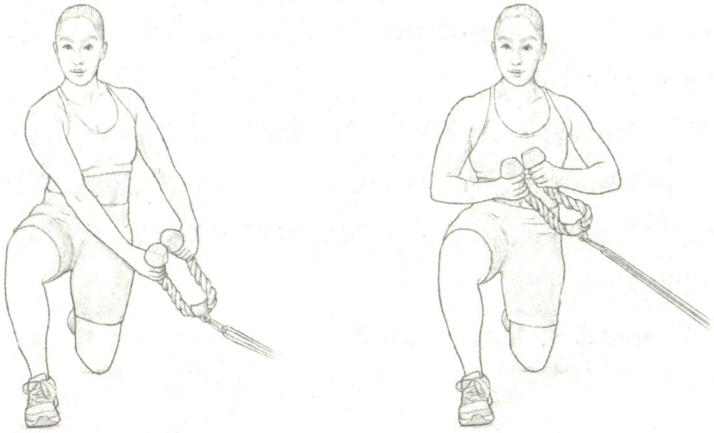

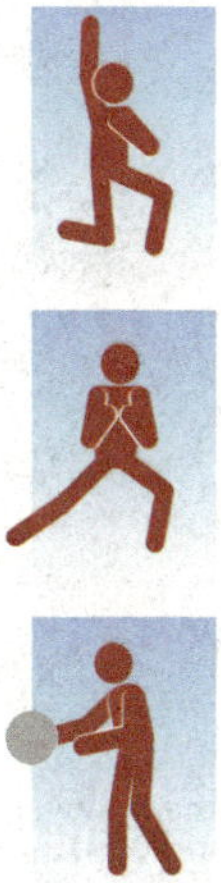

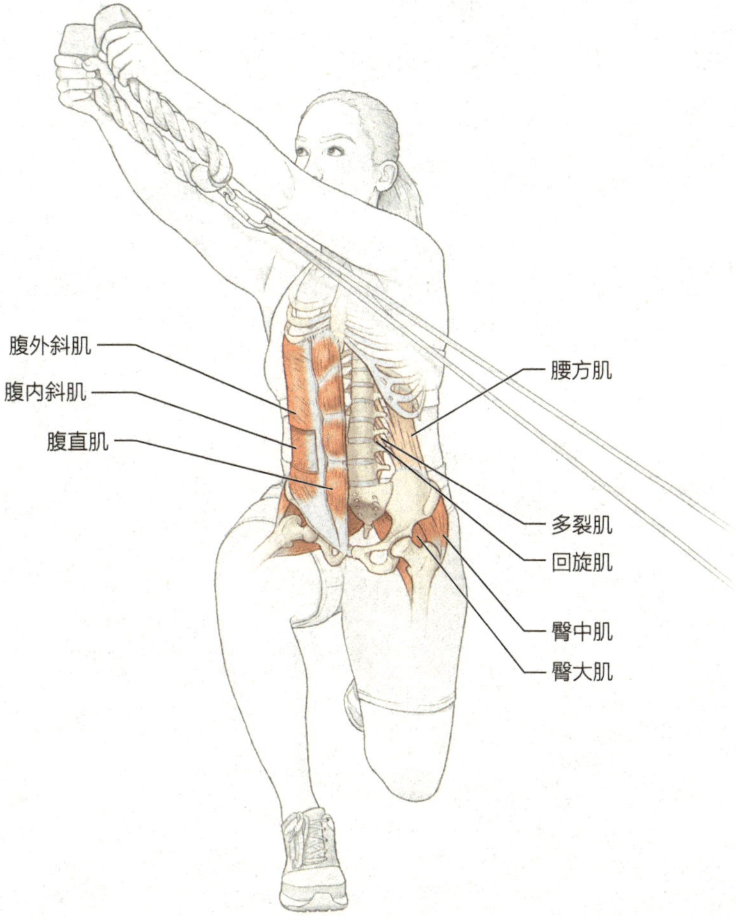
腹外斜肌
腹内斜肌
腹直肌
腰方肌
多裂肌
回旋肌
臀中肌
臀大肌

训练步骤

1. 以单腿跪姿开始，将绳索训练器或弹力带放在膝关节着地的一侧，同侧脚踝关节背屈，脚趾紧贴地面。双手握住绳索训练器的手柄或弹力带的一端，拇指朝上，将其置于膝关节着地侧髋部的下前方。
2. 将绳索训练器的手柄或弹力带一端向上拉至胸部，继续向斜上方拉动绳索训练器的手柄或弹力带的一端，使绳索训练器的手柄或弹力带的一端越过身体，双臂完全伸直。将绳索训练器的手柄或弹力带的一端向下放回起始位置，在下降的过程中在胸部位置短暂停留一下。
3. 按照设定的重复次数进行练习，换另一侧做相同的练习。

参与的肌肉

主要肌群

- 腹外斜肌
- 腹内斜肌
- 腹直肌
- 臀大肌
- 臀中肌

辅助肌群

- 腰方肌
- 多裂肌
- 回旋肌

变化动作

单腿跪姿斜下劈

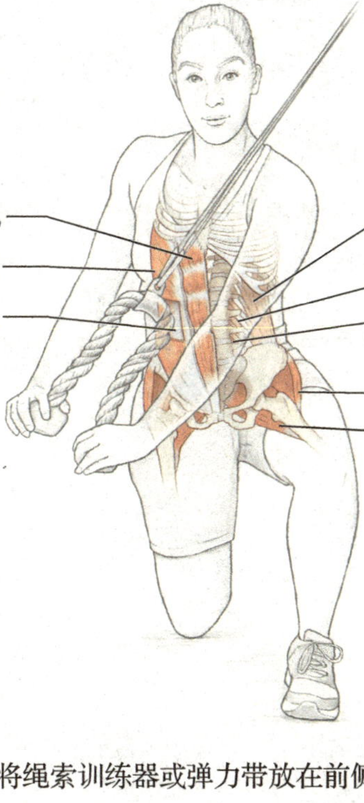

以单腿跪姿开始，将绳索训练器或弹力带放在前侧腿一侧，膝关节着地侧脚的踝关节背屈，脚趾紧贴地面。双手放在臀部内侧，握住绳索训练器的手柄或弹力带的一端，将绳索训练器的手柄或弹力带的一端拉至胸部，继续向下拉动绳索训练器的手柄或弹力带的一端，使其越过身体，双臂完全伸直。将绳索训练器的手柄或弹力带的一端向上放回起始位置，在上升的过程中在胸部位置短暂停留一下。按照设定的重复次数进行练习，换另一侧做相同的练习。

单手拎壶铃行走

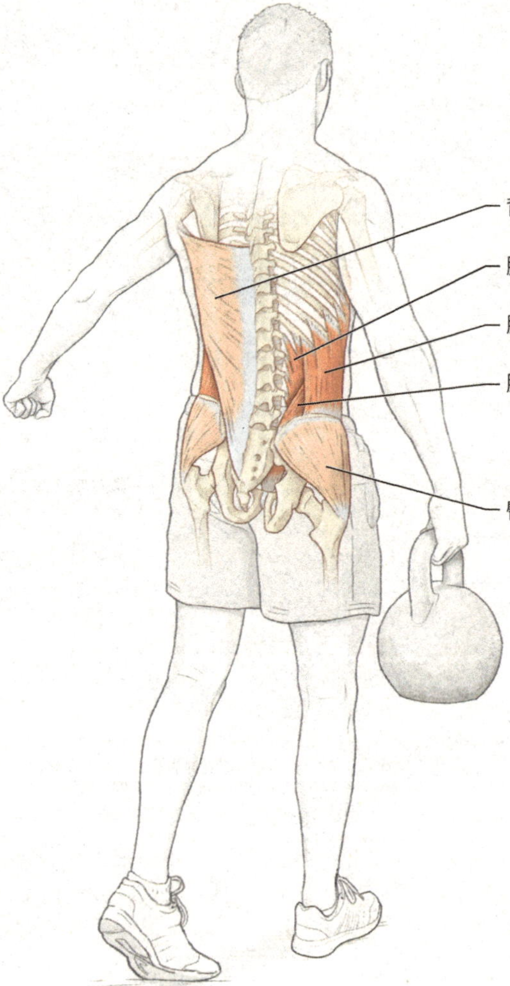

训练步骤

1. 身体呈站立姿势，一只手握着一个壶铃或哑铃放在身侧。
2. 缓慢走完设定的距离，保持身体平稳，不要向一侧倾斜。主动收缩身体另一侧的腹斜肌以保持你的姿势。
3. 走完设定的距离后，换另一侧，重复该练习。

参与的肌肉

主要肌群

- 腹内斜肌
- 腹外斜肌
- 腰方肌

辅助肌群

- 臀中肌
- 背阔肌

变化动作

农夫行走

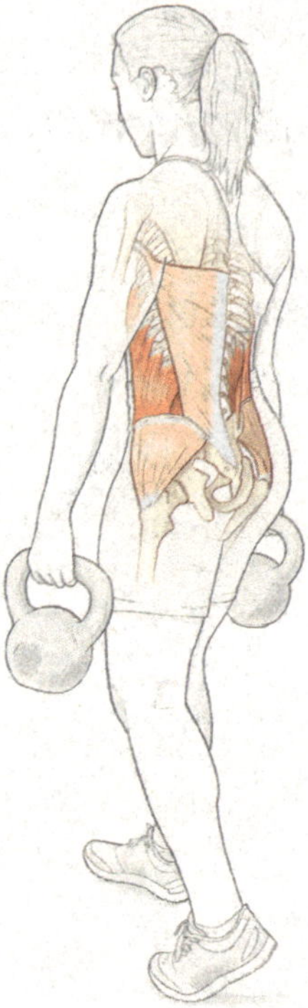

站直，双手各拿一个壶铃或哑铃放在身体两侧。缓慢走完设定的距离，保持身体平稳，不要倾斜、弯曲或过度伸展脊柱。在练习过程中，主动收紧背阔肌、腹斜肌和腹直肌，以保持直立姿势。走完设定的距离后，转身走回起始位置。

单腿跪姿绳索推拉

抗侧屈

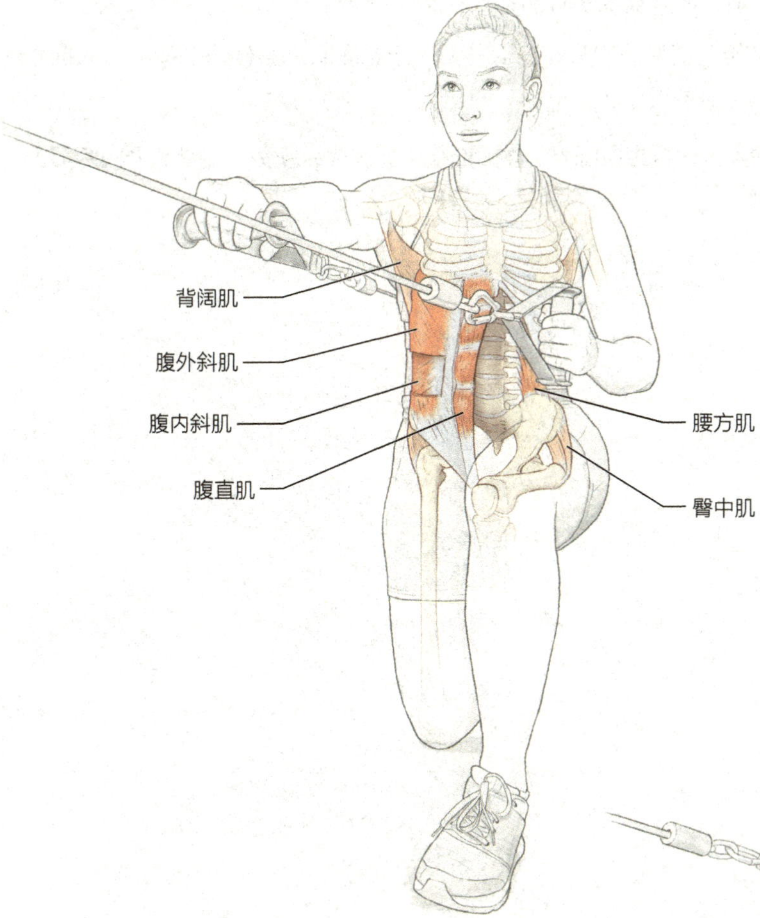

训练步骤

1. 在两个绳索训练器之间，以单腿跪姿开始。在后侧腿一侧，同侧手抓住身后的绳索训练器的手柄，手腕和前臂放在同侧身体靠近胸腔的位置。在前侧腿一侧，同侧手抓住身前的绳索训练器的手柄，手臂向前伸直。
2. 后侧手向前推，前侧手向后拉，双手同时推拉绳索训练器的手柄，并抵抗躯干旋转，保持双肩平稳并朝向前方。
3. 按照设定的重复次数进行练习，然后交换手臂和腿，换另一侧做相同的练习。

参与的肌肉

主要肌群

- 腹内斜肌
- 腹外斜肌
- 腹直肌
- 多裂肌
- 腹横肌

辅助肌群

- 臀中肌
- 腰方肌
- 三角肌前束
- 肱三头肌
- 背阔肌

功能要点

单腿跪姿绳索推拉用于训练躯干在矢状面和水平面运动的稳定性以及髋关节在额状面运动的稳定性，该练习再现了在跑步过程中必须缓冲的扭转力和对应的稳定性要求。为了在跑步步态周期中有效地保持姿势并将力量传递到地面，你必须抵抗躯干的旋转力，同时在额状面稳定髋关节和骨盆。在推拉过程中，重点是抵抗推和拉运动产生的旋转力，同时在额状面保持股骨和骨盆位于躯干的下方。

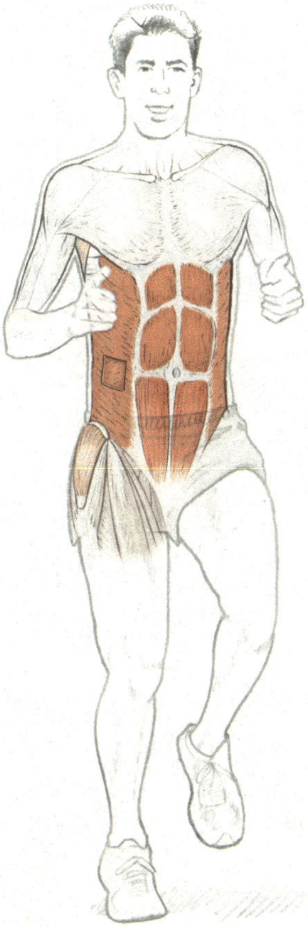

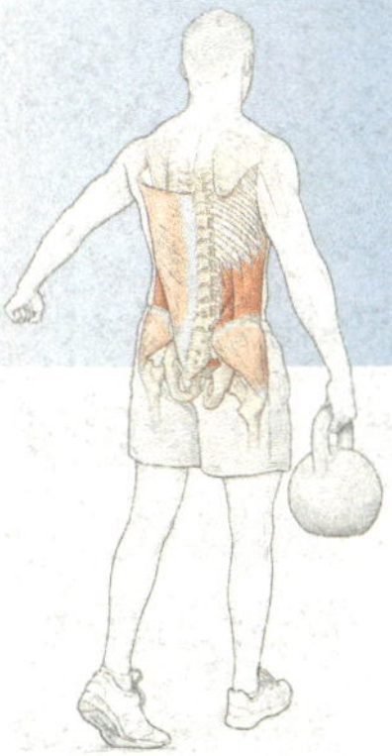

第9章

功能性训练计划示例

在设计功能性训练计划时，你应努力使该计划全面均衡，其中应考虑到影响运动表现的所有身体压力源。与传统的健身计划不同，功能性练习的选择不应该只基于视觉外观的美学效果，而应该基于对运动员预防运动损伤和提高运动表现的影响，功能性训练计划的目的是确保运动员的身体在所有主要的动作模式和所有的运动平面都得到了训练，从而确保其身体的各个方面都得到了均衡的训练。

全面均衡的功能性训练计划应包括本书中提到的所有类别的练习。为了确保获得最佳的训练结果，你应按照以下顺序设计和实施练习。

- 灵活性训练。
- 运动控制和动作准备练习。
- 增强式训练和实心球练习。
- 负重爆发力训练。
- 力量训练：上肢推、上肢拉、髋主导、膝主导、抗伸展、抗旋转、抗侧屈和抗屈曲。

功能性训练计划一开始就应该包括灵活性训练，如主动伸展和旋转关节，以提高关节的灵活性，并在进行高强度运动前充分活动各个关节。这些练习训练的重点应该是踝关节、髋关节、胸椎和肩关节，因为这些部位或关节经常会表现出过度僵硬。

灵活性训练之后，接下来的一组练习应该是运动控制和动作准备练习。运动控制和动作准备练习应激活局部稳定肌，以提高神经肌肉的效率和运动质量。

一旦充分热身，你就可以开始参加高强度的训练活动，如增强式训练和实心球练习。重要的是，在力量训练的开始阶段，你应尽早进行单脚跳、跳跃和投掷等对神经系统要求很高的快速运动，而不应在疲劳时进行这些练习。

完成增强式训练和实心球练习后，你应该去力量房开始负重爆发力训练和力量训练，这两种训练的指导原则类似于增强式训练和实心球练习，即在进行大负重的力量训练之前，你应该先进行负重爆发力训练，如杠铃高翻和杠铃抓举，因为它们对神经系统有很高的要求。为了确保你能高速度地完成这些练习，并且不会过度疲劳，在做下蹲和硬拉等练习之前，你应该先进行杠铃高翻、壶铃摆动、哑铃抓举和推雪橇等练习。

在整个功能性训练计划中合理地搭配所有的力量动作模式是很重要的。每天应进行以下类别的练习：爆发力、髋主导、膝主导、上肢推、上肢拉和核心练习。以这种方式搭配练习将确保运动员的整个身体得到均衡发展。同时，练习可以细分为表9.1所示的类别。

将本书涵盖的一些练习按类别填写在图表中，即可说明如何对练习进行分类，如表9.2所示。

表9.1 练习类别

爆发力	髋主导	膝主导	上肢推	上肢拉	核心
重型器械	双侧	双侧	水平	水平	抗伸展
轻型器械	单侧	单侧	垂直	垂直	抗屈曲
					抗侧屈
					抗旋转

表9.2　练习类别示例

爆发力	髋主导	膝主导	上肢推	上肢拉	核心
杠铃高翻	六角杠铃硬拉	高脚杯深蹲	俯卧撑	哑铃划船	平板支撑
壶铃摆动	单腿硬拉	双哑铃分腿下蹲	杠铃卧推	反手引体向上	农夫行走
哑铃抓举	滑动屈膝	单腿蹲	上斜哑铃卧推	正手引体向上	单手拎壶铃行走
杠铃高抓			单腿跪姿交替壶铃推举		抗旋转前推

为了节省时间和提高效率，你应该把所有这些练习两个一组或三个一组进行编排，将两个或三个练习配对或分组（表9.3和表9.4即把练习分为了A、B、C、D 4个组），然后以交替的方式连续练习。将没有相互影响的练习进行配对或分组很重要，这意味着它们不会重复练习相同的运动模式和肌群。创建两组和三组非竞争的练习可以让你更高效，因为你在训练一种练习的同时从另一种练习中恢复。

表9.3展示了一个每周两天的功能性训练计划的常规训练内容示例，请注意在为期两天的功能性训练计划中，所有练习是如何被均匀分配的。这两天都包括了等量的髋主导、膝主导、上肢推和上肢拉的练习，以及核心力量和负重爆发力训练。初学者应该先执行每周两天的功能性训练计划，获得基础能力后，再执行更长期的功能性训练计划。

表9.4展示了一个每周4天的功能性训练计划的常规训练内容示例。该每周4天的功能性训练计划针对的是有经验的运动员，他们的身体已经足够强壮，能够应对增加的训练频率。你可以看到，每周4天的功能性训练计划增加了总体训练量，且练习具有多样性。

表9.3 每周两天的功能性训练计划示例

第1天训练		
第1天动作训练		
灵活性训练	90/90髋关节拉伸	每侧1分钟
	蜘蛛侠式拉伸	每侧1分钟
	直腿内收肌动态拉伸	每侧重复10次
	踝关节背屈拉伸	每侧重复10次
	肩关节控制性旋转练习	每侧重复10次
运动控制和动作准备练习	弹力带辅助单腿下落练习	每侧重复5次
	地面滑臂练习	重复10次
	四点支撑髋关节伸展（肘部支撑）	每侧重复5次
	仰卧弹力带髋关节屈曲	每侧重复10次
增强式训练和实心球练习	A1：跨栏跳	3组，每组重复5次
	A2：站姿胸前抛实心球	3组，每组重复5次
	A3：45度角交替换腿跳	3组，每组重复5次

第1天力量训练		第1周	第2周	第3周	第4周
负重爆发力训练	B1：杠铃高翻	2组×5次	3组×5次	3组×5次	4组×3次
抗伸展核心	B2：平板支撑	2组×20秒	3组×20秒	3组×25秒	3组×30秒
双侧膝主导	C1：高脚杯深蹲	2组×8次	3组×8次	3组×8次	3组×10次
水平方向推	C2：俯卧撑	2组×6次	3组×6次	3组×8次	3组×10次
单侧髋主导	D1：单腿硬拉	2组×每侧8次	3组×每侧8次	3组×每侧8次	3组×每侧10次
水平方向拉	D2：哑铃划船	2组×每侧8次	3组×每侧8次	3组×每侧8次	3组×每侧10次
抗旋转	D3：抗旋转前推	2组×每侧8次	3组×每侧8次	3组×每侧8次	3组×每侧10次

续表

第2天训练		
第2天动作训练		
灵活性训练	90/90髋关节拉伸 蜘蛛侠式拉伸 直腿内收肌动态拉伸 踝关节背屈拉伸 肩关节控制性旋转练习	每侧1分钟 每侧1分钟 每侧重复10次 每侧重复10次 每侧重复10次
运动控制和动作准备练习	弹力带辅助单腿下落练习 地面滑臂练习 四点支撑髋关节伸展（肘部支撑） 仰卧弹力带髋关节屈曲	每侧重复5次 重复10次 每侧重复5次 每侧重复10次
增强式训练和实心球练习	A1：单腿跨栏跳 A2：站姿侧抛实心球 A3：过顶投掷实心球	3组，每组重复5次 3组，每组重复5次 3组，每组重复5次

第2天力量训练		第1周	第2周	第3周	第4周
负重爆发力训练	B1：杠铃高翻	2组×5次	3组×5次	3组×5次	4组×3次
抗伸展核心	B2：平板支撑	2组×20秒	3组×20秒	3组×25秒	3组×30秒
双侧髋主导	C1：六角杠铃硬拉	2组×8次	3组×8次	3组×8次	4组×6次
垂直方向拉	C2：反手引体向上	2组×5次	3组×5次	3组×5次	3组×6次
单侧膝主导	D1：双哑铃分腿下蹲	2组×每侧8次	3组×每侧8次	3组×每侧8次	3组×每侧10次
垂直方向推	D2：单腿跪姿交替壶铃推举	2组×每侧6次	3组×每侧6次	3组×每侧6次	3组×每侧8次
抗侧屈	D3：单手拎壶铃行走	2组×每侧行走40码	3组×每侧行走40码	3组×每侧行走40码	3组×每侧行走40码

注：1码≈0.91米。

表9.4 每周4天的功能性训练计划示例

第1天训练		
第1天动作训练		
灵活性训练	90/90髋关节拉伸	每侧1分钟
	蜘蛛侠式拉伸	每侧1分钟
	直腿内收肌动态拉伸	每侧重复10次
	踝关节背屈拉伸	每侧重复10次
	肩关节控制性旋转练习	每侧重复10次
运动控制和动作准备练习	弹力带辅助单腿下落练习	每侧重复5次
	地面滑臂练习	重复10次
	四点支撑髋关节伸展（肘部支撑）	每侧重复5次
	仰卧弹力带髋关节屈曲	每侧重复10次
增强式训练和实心球练习	A1：跨栏跳	3组，每组重复5次
	A2：站姿胸前抛实心球	3组，每组重复5次

第1天力量训练		第1周	第2周	第3周	第4周
负重爆发力训练	B1：杠铃高翻	2组×5次	3组×5次	3组×5次	4组×3次
抗伸展核心	B2：平板支撑	2组×20秒	3组×20秒	3组×25秒	3组×30秒
双侧膝主导	C1：高脚杯深蹲	2组×8次	3组×8次	3组×8次	3组×10次
水平方向推	C2：俯卧撑	2组×6次	3组×6次	3组×8次	3组×10次
双侧髋主导	D1：滑动屈膝	2组×6次	3组×6次	3组×8次	3组×10次
水平方向拉	D2：哑铃划船	2组×每侧8次	3组×每侧8次	3组×每侧8次	3组×每侧10次
抗旋转	D3：抗旋转前推	2组×每侧8次	3组×每侧8次	3组×每侧8次	3组×每侧10次

续表

第2天训练		
第2天动作训练		
灵活性训练	90/90髋关节拉伸 蜘蛛侠式拉伸 直腿内收肌动态拉伸 踝关节背屈拉伸 肩关节控制性旋转练习	每侧1分钟 每侧1分钟 每侧重复10次 每侧重复10次 每侧重复10次
运动控制和动作准备练习	弹力带辅助单腿下落练习 地面滑臂练习 四点支撑髋关节伸展（肘部支撑） 仰卧弹力带髋关节屈曲	每侧重复5次 重复10次 每侧重复5次 每侧重复10次
增强式训练和实心球练习	A1：单腿跨栏跳 A2：站姿侧抛实心球	3组，每组重复5次 3组，每组重复5次

第2天力量训练		第1周	第2周	第3周	第4周
负重爆发力训练	B1：壶铃摆动	2组×10次	3组×10次	3组×10次	4组×10次
抗伸展核心	B2：棍式死虫练习	2组×20秒	3组×20秒	3组×25秒	3组×30秒
水平方向推	C1：杠铃卧推	2组×8次	3组×8次	3组×6次	4组×6次
单侧髋主导	C2：单腿硬拉	2组×每侧8次	3组×每侧8次	3组×每侧10次	3组×每侧10次
垂直方向推	D1：单腿跪姿交替壶铃推举	2组×每侧6次	3组×每侧6次	3组×每侧8次	3组×每侧8次
单侧膝主导	D2：高脚杯侧蹲	2组×每侧6次	3组×每侧6次	3组×每侧8次	3组×每侧8次
抗屈曲、抗旋转和抗侧屈	D3：单腿跪姿斜下劈	2组×每侧8次	3组×每侧8次	2组×每侧10次	3组×每侧12次

续表

第3天训练		
第3天动作训练		
灵活性训练	90/90髋关节拉伸 蜘蛛侠式拉伸 直腿内收肌动态拉伸 踝关节背屈拉伸 肩关节控制性旋转练习	每侧1分钟 每侧1分钟 每侧重复10次 每侧重复10次 每侧重复10次
运动控制和动作准备练习	弹力带辅助单腿下落练习 地面滑臂练习 四点支撑髋关节伸展（肘部支撑） 仰卧弹力带髋关节屈曲	每侧重复5次 重复10次 每侧重复5次 每侧重复10次
增强式训练和实心球练习	A1：45度角交替换腿跳 A2：冲刺式胸前抛实心球	3组，每组重复5次 3组，每组重复5次

第3天力量训练		第1周	第2周	第3周	第4周
负重爆发力训练	B1：杠铃高翻	2组×5次	3组×5次	3组×5次	4组×3次
抗伸展核心	B2：平板支撑	2组×20秒	3组×20秒	3组×25秒	3组×30秒
双侧髋主导	C1：六角杠铃硬拉	2组×8次	3组×8次	3组×8次	4组×6次
垂直方向拉	C2：反手引体向上	2组×5次	3组×5次	3组×5次	3组×6次
单侧膝主导	D1：单腿蹲	2组×每侧5次	3组×每侧5次	3组×每侧8次	3组×每侧8次
水平方向推	D2：俯卧撑	2组×6次	3组×6次	3组×8次	3组×10次
抗侧屈	D3：农夫行走	2组×每次行走40码	3组×每次行走40码	3组×每次行走40码	3组×每次行走40码

注：1码≈0.91米。

续表

第4天训练		
第4天动作训练		
灵活性训练	90/90髋关节拉伸 蜘蛛侠式拉伸 直腿内收肌动态拉伸 踝关节背屈拉伸 肩关节控制性旋转练习	每侧1分钟 每侧1分钟 每侧重复10次 每侧重复10次 每侧重复10次
运动控制和动作准备练习	弹力带辅助单腿下落练习 地面滑臂练习 四点支撑髋关节伸展（肘部支撑） 仰卧弹力带髋关节屈曲	每侧重复5次 重复10次 每侧重复5次 每侧重复10次
增强式训练和实心球练习	A1：爆发式登台阶 A2：旋转单臂胸前抛实心球	3组，每组重复5次 3组，每组重复5次

第4天力量训练		第1周	第2周	第3周	第4周
负重爆发力训练	B1：壶铃摆动	2组×10次	3组×10次	3组×10次	4组×10次
抗伸展核心	B2：棍式死虫练习	2组×20秒	3组×20秒	3组×25秒	3组×30秒
水平方向推	C1：上斜哑铃卧推	2组×8次	3组×8次	3组×8次	4组×8次
单侧膝主导	C2：后脚抬高分腿下蹲	2组×每侧6次	3组×每侧6次	3组×每侧8次	4组×每侧8次
抗侧屈	D1：单腿跪姿绳索推拉	2组×每侧8次	3组×每侧8次	3组×每侧10次	3组×每侧12次
单侧髋主导	D2：肩关节抬高单腿臀桥	2组×每侧6次	3组×每侧6次	3组×每侧8次	3组×每侧10次
抗屈曲、抗旋转和抗侧屈	D3：单腿跪姿绳索斜上拉	2组×每侧8次	3组×每侧8次	3组×每侧10次	3组×每侧12次

训练动作索引

灵活性训练

运动控制和动作准备练习

增强式训练和实心球练习

续表

负重爆发力训练

续表

下肢力量训练

核心稳定和旋转力量动作

作者简介

凯文·卡尔（Kevin Carr）是MBSC训练中心的力量和体能教练兼经理，也是Movement as Medicine的按摩治疗师和联合创始人，这是一家位于美国马萨诸塞州沃本的按摩和运动治疗诊所。他是认证功能力量教练（Certified Functional Strength Coach）资格认证的联合创始人。他拥有马萨诸塞大学阿默斯特分校的运动学学士学位，以及马萨诸塞州沃特敦Cortiva研究所的按摩治疗许可证。在MBSC训练中心工作期间，他在运动表现和个人训练领域积累了丰富的经验，并在世界多地对数千名教练和治疗师进行了有关MBSC训练中心教练系统的培训。他指导过很多人，包括寻求竞争优势的美国奥林匹克运动员，以及想要减肥、更好地运动和改善健康状况的普通人。

玛丽·凯特·费特（Mary Kate Feit）博士，是美国马萨诸塞州斯普林菲尔德学院体育、运动表现和体育领导力学院的力量与体能助理教授。在斯普林菲尔德学院，她还兼任力量和体能训练的副主任，负责指导研究生力量和体能训练助理教练员，这些教练为学院的600多名学生运动员服务。在到斯普林菲尔德学院工作之前，她在体育运动性能领域拥有丰富的职业经历，其中包括在艾奥瓦大学和路易斯维尔大学担任力量和体能训练助理教练，以及在美国新泽西州廷顿瀑布的成人项目中担任协调员。

费特毕业于斯普林菲尔德学院，获得了应用运动科学的研究生学位。她对力量和体能训练的热爱源于MBSC训练中心的斯普林菲尔德校友迈克·博伊尔（Mike Boyle）。她最初在那里进行了运动表现训练，同时完成了高中和大学教育。她通过了美国国家体能协会、大学力量与体能教练协会、精准营养和功能性动作系统的认证，并且拥有认证功能力量教练执照。

译者简介

闫琪，国家体育科学研究所研究员，博士，上海体育学院客座教授；获得美国国家体能协会认证的体能训练专家（CSCS）证书和私人教练（NSCA-CPT）证书；FMS国际认证讲师；FMS、SFMA高级认证专家；国家体育总局备战里约奥运会体能训练专家组成员；国家体育总局教练员学院体能训练培训讲师；备战武汉世界军事体育运动会体能训练专家；南部战区飞行人员训练伤防治中心专家；担任多名奥运会金牌运动员的体能教练；获奥运会科技先进个人、全国体育事业突出贡献奖等奖项。